AF499974

SAINTE-TULLE.

HISTOIRE

DE

SAINTE-TULLE

PATRONNE DE LA COMMUNE QUI PORTE CE NOM ; ET CONNUE, D'APRÈS UNE LÉGENDE DU SIXIÈME SIÈCLE, SOUS CELUI DE TULLIA, FILLE DE SAINT EUCHER, ÉVÊQUE DE LYON.

HISTOIRE

PRÉCÉDÉE ET SUIVIE DE FRAGMENTS HISTORIQUES SUR LA PROVENCE

PAR L. J. M. ROBERT

Docteur en médecine de la Faculté de Paris, ancien Professeur d'hygiène navale à l'école de médecine de Marseille, et Professeur honoraire à la même école ; Médecin du Lazaret et du Collége royal de la même ville ; ex-Membre du Jury médical ; ancien Président de l'Académie royale des sciences, correspondant de Marseille et de celle d'Aix ; Inspecteur des bains de mer sur le littoral de Marseille ; ex-Inspecteur des bains de Gréoulx ; ex-Membre du Conseil de salubrité des Bouches-du-Rhône ; Correspondant de l'Académie royale de médecine de Paris, de celles de Lyon, de Stockolm, de Cadix, de Messine, et du grand duché de Bade ; Médecin ordinaire par brevet du feu Roi d'Espagne, Charles IV ; Médecin consultant de S. M. la Reine de Suède et de Norwège, et de feue S. A. I. la Princesse Pauline ; Chevalier des Ordres royaux de l'Étoile Polaire de Suède ; et de Charles III d'Espagne ; Officier de l'Université

DIGNE

REPOS, ÉDITEUR, IMPRIMEUR-LIBRAIRE

1843

CHAPITRE I.

Coup-d'œil sur la Celto-Ligurie, avant l'ère vulgaire. — Etat politique de la Provence sous la domination romaine.

S'il est reconnu aujourd'hui, d'après les plus anciens monuments de l'histoire, que la Celto-Ligurie embrassait tous les pays, à l'Orient du Rhône, entre l'Isère, le Var et la Méditerranée, il est hors de doute que les Ibères et les Ligures-Saliens, ont occupé la partie septentrionale du territoire, qui était connue naguères sous le nom de Haute Provence. Ces peuples originaires des bords de l'Euphrate, avaient traversé l'Afrique et pénétré en Espagne, où ils s'étaient maintenus jusqu'à ce qu'ils en eussent été chassés par les Celtes, seize siècles avant notre ère, époque où ils se répandirent dans les Gaules, et y vécurent, au rapport de Strabon et de Diodore de Sicile, avec la réputation d'hommes, qui avaient la force et l'agilité des bêtes féroces de leurs forêts, et dont le plus faible d'entre eux, quoique de médiocre taille, avait toujours le pouvoir, dans un combat singulier, de vaincre et de tuer le Gaulois le plus grand et le plus fort. Ce serait donc une erreur bien étrange de croire, qu'avant la conquête des Romains, la Provence était tout à la fois un pays sauvage, stérile et dépeuplé. On ne peut ignorer, qu'à cette époque, le boisement de ses montagnes et de ses coteaux étant complet, il devait sourdre, de leurs flancs, des sources abondantes et intarissables, qui, en fournissant à l'agriculture, sous notre sol et brûlant climat, de fréquentes irrigations, devinrent, à leur tour, la source des plus riches produits agricoles.

C'est à la vue d'une terre si féconde et aussi favorisée, vu l'intégrité de ses forêts, par les influences atmosphériques, que les Romains furent frappés d'admiration, et qu'ils la regardèrent comme une extension de leur patrie, en lui donnant un nom exclusif à toute autre conquête. Appelés à jouir de ces inappréciables bienfaits de la nature, les habitants de cette contrée, quelle qu'ait été leur origine, loin de vivre isolés et dans de misérables cahutes, recouvertes de terre et de paille, comme celles des Gaulois du Nord, y formaient déjà de puissantes agrégations, qui avaient leurs capitales, leurs lois, leurs mœurs, leurs habitudes, leurs territoires, leurs chefs-militaires, leurs magistrats civils, leur religion, leurs Druides, éléments d'une civilisation à sa première ébauche, si l'on veut, mais qui s'est perfectionnée de jour en jour, par le contact et le rapprochement des Phéniciens qui, de temps immémorial, fréquentaient les bords de la Méditerranée, et surtout par les relations avec les habitants de la nouvelle Phocée.

C'est sous ce rapport, qu'on peut dire que les treize anciens peuples, compris dans la circonscription actuelle du département des Basses-Alpes, avaient déjà une organisation sociale, fondée sur les bases qui constituent une véritable existence politique, et inhérente à une possession territoriale, reconnue et limitée par la loi.

En effet, l'appel fait aux Albiciens par les marseillais, lors du siège de leur ville par Jules César, ne peut être regardé, selon moi, que comme un appel collectif aux différentes peuplades voisines d'Albèce, métropole alors de ces diverses tribus guerrières qui, quoique dispersées, pouvaient former un corps de nation, dont l'une d'elles devait avoir la prédominance, et donner son nom aux habitants de la banlieue. Quoiqu'il en soit, la dénomination de barbares, que César leur donne, ne peut s'appliquer à ces tribus, que parce que ne parlant pas la langue des Romains, elles étaient comprises dans la classe des étrangers, auxquels la dénomination précitée était appliquée, sans qu'elle pût avoir rien d'injurieux, puisque le vainqueur de Massilie, en faisant l'éloge de la bravoure, de l'instruction et de l'expérience des Albiciens, dans l'art des combats sur terre et sur mer, nous prouve d'une manière bien authentique, que le sang des Ibères était aussi pur qu'à son origine; et que ceux-ci n'avaient point dégénéré de leurs ancêtres, puisque les Romains, après les avoir subjugués, les regardaient néanmoins, comme les gardiens les plus sûrs et les plus vigilants des Alpes et de l'Italie, contre l'invasion sans cesse menaçante des Gaulois.

On ne peut méconnaître aujourd'hui que la fondation de Marseille, sa rapide prospérité, ses vastes possessions, non-seulement sur le littoral, mais encore dans l'intérieur des terres, n'aient préludé à la civilisation première des Saliens et des Ligures, ses plus proches voisins; d'abord par des relations limitrophes, qui successivement se sont étendues au loin, puisque ces derniers habitants des côtes maritimes, connaissaient déjà la nécessité de la transhumance de leurs troupeaux, et celle de leur envoi, pendant les chaleurs de l'été, sur les montagnes Sous-Alpines, où ils trouvaient alors, comme aujourd'hui, une abondante pâture[1].

Il n'est pas douteux encore que le passage, le séjour des armées romaines dans la Provence, et l'établisse-

[1] On lit en effet dans Cassiodore, lib. 4. Ep. 49, que sous Théodoric, roi des Ostrogoths, qui demeurait à Ravenne, les troupeaux de bétail, tant de la ville d'Arles, que des autres endroits de la Provence, allaient passser les étés sur les montagnes du Dauphiné et de la Provence, comme c'est encore la coutume aujourd'hui. Parce qu'il se commettait beaucoup de larcins, vols et meurtres sur les bergers et conducteurs de ces troupeaux, le roi fut prié de rendre un édit pour remédier à ces maux; cet édit fut rendu en 512, et le roi envoya un certain Fridibundus, pour empêcher les désordres, exercer la justice et punir les malfaiteurs,

ment de leurs premières colonies à Aix, Arles, Riez et Apt, ainsi que les monuments qui ont embelli ces villes, n'aient puissamment contribué à humaniser le caractère et les mœurs de leurs premiers habitants, qui, sans avoir rien de sauvage, pouvaient bien être empreints de quelque vernis de rusticité, dû à leur origine, mais que le mélange du sang étranger, avec celui des indigènes, avait bientôt fait disparaître, et dont la transfusion avait été même si rapide, que lors de la chûte de l'empire d'Occident, la population provençale se disait toute romaine; d'où l'on peut conclure que les traces si glorieuses que les généraux et les empereurs romains ont laissées sur notre sol, ne s'effaceront pas de long-temps; et ce ne sera pas les noms des Sextius, des Marius, des Jules-César, des Auguste, des Adrien et des Constantin, qui pourront être livrés à l'oubli, dans une Province, où leur gloire et leurs bienfaits, sont à jamais voués, par l'histoire, à la reconnaissance publique et à l'immortalité.

Ici commencent les premières pages historiques des grands événements qui ont agité notre patrie sous les Romains. Leur premier établissement dans la Gaule trans-alpine fut, comme on sait, la fondation de la ville d'Aix, par Sextius, après la défaite des Salyens, 121 ans avant J.-C. Ce fut la même année, que les consuls Domitius Ahenobarbus et Fabius, remportèrent, sur les bords du Rhône, la victoire la plus signalée sur les Allobroges et les Auvergnats, dont le nombre des morts s'éleva, d'après Tite-Live et Pline, de 120 à 130,000, et dont l'arc de triomphe d'Orange, pourrait bien être le monument commémoratif, ainsi que l'ont pensé quelques auteurs; opinion que j'adopte, d'après un symbole caractéristique qui désigne un des plus riches produits agricoles du dernier peuple, *o choiros*.

C'est dix-sept ans après, que Marius, envoyé à la rencontre des Cimbres et des Teutons, qui, ayant quitté l'Espagne, menaçaient Rome, arriva en Provence. Les trois années qui s'écoulèrent avant l'apparation des Barbares, furent employées à l'ouverture du fameux canal du Rhône, connu sous le nom de *Fosses Marianes*, afin de pouvoir alimenter son armée, sans courir les chances et les embarras de mer; et amener en même temps, à Aix, de belles sources d'eau vive, par le moyen d'aqueducs et de souterrains, dont les ruines encore existantes, dans une étendue de plusieurs lieues, nous démontrent toute la puissance d'un peuple qui a été aussi célèbre par ses armes, que par la culture des beaux-arts, ainsi que le prouvent les beaux monuments qui ont résisté, en partie, aux ravages du temps et à la fureur des barbares.

Des travaux exécutés d'une manière aussi grandiose, consacrés à l'utilité publique et à l'embellissement de la ville aux eaux chaudes, auraient suffi pour immortaliser leur auteur, quand même ils ne lui auraient pas fourni l'occasion de la plus éclatante victoire, que jamais général ait remportée, puisqu'elle compta pour trophée, selon Plutarque, 30,000 prisonniers, et 200,000 morts.

C'est en suivant le vol des aigles romaines, que César, 60 ans avant notre ère, marcha à la conquête des Gaules, qu'il acheva en moins de dix ans; espace de temps qui comprend encore son triomphe des Helvétiens, son passage du Rhin, la défaite d'Arioviste, roi de la Germanie, la soumission des Belges, et celle de la grande Bretagne.

Le territoire de la république reçut ainsi un grand accroissement, et on peut dire, à la gloire du vainqueur, que ce fut là une de ses plus belles conquêtes. On sait que ce fut toujours par des moyens pacifiques, que Rome et son Sénat, soumirent au joug de la métropole les pays nouvellement conquis. Ainsi la Provence, considérée par les Romains, à cause de la douceur de son climat et de la bonté de ses fruits, comme une seconde Italie, jouit, sous leur domination, de ce calme et de ce repos, qui étaient garantis par les vainqueurs aux Provinces qui leur étaient soumises. Sous l'empire des lois et des institutions nouvelles, les vaincus ne furent bientôt plus que des alliés; chez eux, culte, religion, langage, habitudes, costumes, tout fut bientôt pacifiquement changé, et l'Ibère devint un Gallo-Romain. Il est donc vrai de dire, que Rome fit plus de conquêtes durables par ses lois, que par ses armes. L'établissement de ses anciennes colonies dans les Gaules, a bien pû être, dans l'origine, une mesure nécessaire pour prévenir ou comprimer les révoltes des contrées soumises au nouveau régime de la conquête; mais dans la suite, la multiplicité de ses colonies, fut une large voie ouverte à la civilisation. Loin d'imiter les barbares, qu'un génie destructeur poussait sans cesse, par instinct, à la dévastation, la ville éternell sut se personnifier dans les monuments dont elle couvrit les pays soumis à ses armes; rivale, en ce point, de cette Egypte qui, en frappant ses gigantesques pyramides du type immortel, inhérent à toutes ses œuvres, a brisé à jamais pour elles, la faulx dévorante du temps, et a assuré ainsi, jusqu'à la consommation des siècles, leur éternelle immobilité.

Quant au régime municipal de la Provence, et à son administration supérieure, tout y fut réglé d'après les lois en vigueur dans la république et dans l'empire. On y vit tout à la fois des Curiales, des Sénateurs, des Décemvirs, des Principaux, des Défenseurs de la cité, des Proconsuls, des Prêteurs, des Gouverneurs; enfin pour toutes les villes qui n'étaient pas municipes, c'est-à-dire, composées des habitants des colonies romaines et latines, il y avait le droit provincial, tant dans l'ordre politique, que dans l'administration judiciaire.

Il ne faut donc pas être étonné qu'avec un mécanisme gouvernemental aussi bien établi, les lois romaines qu'on a surnommées à si juste titre: *La raison écrite*, aient survécu, dans les Gaules, aux conquêtes de l'empire, et qu'elles forment encore aujourd'hui la base de la jurisprudence, et des codes de toutes les nations civilisées.

S'il est de plus, bien avéré, que de toutes les conquêtes faites par les Romains, il n'y en a jamais eu de plus importante que celle des Gaules, sous le rapport de son étendue, de son climat, de son sol et de sa population, combien Rome aurait eu à s'applaudir d'une si belle réunion, sans l'ambition effrénée de César, qui le faisant aspirer au rang suprême, lui fit passer le Rubicon, et le conduisit sous le poignard des conspirateurs. Qui peut douter qu'il n'eut éclipsé, en gloire et en renommée, les plus illustres généraux de la république, s'il avait pu vivre, après ses victoires, en simple citoyen, sans cesser d'être le premier des héros; tandis que le linceul funèbre qui le couvrit, après sa mort, ne fut, aux yeux du Sénat et du peuple romain, que la robe ensanglantée d'un tyran, immolé aux mânes de la liberté. Pour comble de malheurs, on voit cet homme prodigieux qui, après avoir si violemment agité sa patrie pendant sa vie, la livre encore, après sa mort, aux plus grands troubles de la guerre civile, ainsi qu'à toutes les horreurs du Triumvirat, qui préludèrent, d'une manière si néfaste, à l'enfantement de l'empire.

CHAPITRE II.

Etablissement du Christianisme. — Sa marche progressive, malgré les obstacles qui semblaient devoir s'y opposer.

Après avoir triomphé de ses deux rivaux, Antoine et Lepide, Octave s'empara du pouvoir absolu, et reçut du Sénat le surnom d'Auguste, et le titre d'Empereur. Dès ce moment, il se proposa de faire luire sous la pourpre impériale, aux yeux du peuple romain, et sous les apparences trompeuses de la liberté, de longues années de paix, de tranquillité, de justice et de bonheur. Pour étendre de plus en plus sa puissance, il multiplia les colonies, et dota celles auxquelles il donna son nom, de monuments dont les ruines sont encore aujourd'hui en reflet de la grandeur romaine. Sous ce rapport, notre Province, si affectionnée des Romains, ne pouvait être délaissée, par un empereur, pour lequel l'enthousiasme populaire s'éleva jusqu'à lui dresser des temples et des autels, en lui consacrant un culte solennel. Une magistrature si haut placée et si paternelle, succédant tout-à-coup, dans tout l'empire. aux discordes civiles, aux extorsions pécuniaires; dans les Provinces, à l'avidité insatiable des prêteurs, à la rapacité des gouvernants, et aux spoliations des agents subalternes, devenue subitement la sauve-garde de tous les intérêts matériels de l'état social, ne pouvait que faire espérer de voir la fin des malheurs publics, dater d'un règne où Rome, veuve de tant d'illustres citoyens immolés par les factions, pouvait en quitter le deuil, sans effaroucher la tyrannie.

L'avènement d'Auguste, et la pacification générale de l'empire, sont une époque d'autant plus mémorable dans l'histoire, qu'ils coïncident avec la naissance miraculeuse de Jésus, à Bethléem, pays soumis alors à la domination romaine, et qui, par le contraste le plus singulier, verra dans peu d'années Rome, conquérante de l'univers par ses armes, conquise à son tour pacifiquement, par la simple prédication de Pierre; devenant par là, ainsi qu'il lui avait été prédit, la pierre fondamentale de l'Église de Jésus-Christ.

Le christianisme, quoique réduit à cinq cents néophites, à la mort de son fondateur, ne tarda pas néanmoins, en suivant sa mission divine, à se propager, et à disséminer, de proche en proche, les bienfaits d'une religion qui, en abolissant l'esclavage, créa l'esprit de famille, adoucit les mœurs, calma les passions, et unit tous les membres du corps social par les liens d'une douce fraternité. Quoiqu'en progrès dans le lieu de son origine, cependant ce n'est qu'en 252 que l'on voit apparaître dans les Gaules, les premiers rayons du christianisme. A la voix de Trophime, envoyé à Arles par le pape Fabien, les faux-dieux s'en vont, leurs idoles sont brisées, leurs autels renversés, et le *Labarum* de Constantin y devient instantanément l'oriflamme des chrétiens. C'est ainsi qu'on a vu, dans les premiers siècles de l'Église, une simple croix de bois, sur laquelle, il est vrai, s'est accompli le mystère de la rédemption du genre humain, chasser devant elle l'essaim immonde des divinités mythologiques que Rome payenne inventa, et que Rome chrétienne a détruites.

On ne peut disconvenir cependant, que la conversion de Constantin n'ait beaucoup favorisé les progrès de la nouvelle morale chrétienne; mais il est certain aussi que, dès le milieu du troisième siècle, la foi évangélique a été répandue dans les différentes parties des Gaules, par les six compagnons de St. Trophime, au nombre desquels était St. Denis. La tradition porte que ce furent ces six évêques qui introduisirent dans leurs églises le rit latin, au lieu du rit grec, qui était en usage auparavant dans toutes les églises gauloises; importation qui n'avait pu venir que de Marseille, dont la langue vulgaire était la grecque, à cette époque.

Quoique cette dernière assertion paraisse contredire ce que j'ai rapporté ci-dessus, que ce n'est qu'en 252 qu'on vit apparaître, dans les Gaules, les premiers rayons du christianisme, il est bon de savoir qu'on lit, dans quelques auteurs, que la religion chrétienne avait été prêchée, dans une partie des Gaules, par St. Luc, et surtout par St. Crescent, disciple de St. Paul. Les églises de Marseille, de Lyon, de Vienne, furent redevables de la lumière de la foi à des prédicateurs grecs, ou asiatiques, qui avaient reçu leur mission apostolique du pape. En effet, le pape Innocent I, qui vivait en 417, assure de la manière la plus expresse, dans une de ses épîtres, qui nous a été conservée, que les fondateurs des églises des Gaules, de l'Espagne et de l'Afrique, avaient été ordonnés évêques par St. Pierre et ses successeurs. L'histoire des martyrs de Lyon et de Vienne, qui souffrirent en 177, peut faire croire que ces églises étaient très-florissantes dans le même siècle. S'il est reconnu néanmoins, d'après ce qu'attestent St. Saturnin, St. Germain de Paris, et plusieurs autres évêques français, dans leur lettre à Ste Radegonde, que jusqu'à St. Martin, en 360, l'évangile, quoique prêché dans les Gaules, n'y avait pas fait de grands progrès; il est certain cependant que les sept évêques que le pape Fabien y avait envoyés, en 252, avaient fondé des églises à Paris, à Tours, à Arles, à Narbonne, à Toulouse, en Auvergne et à Limoges, qui durent devenir alors des métropoles. Ainsi il n'y a pas de contradiction à dire que ces évêques introduisirent le rit latin dans des églises où le rit grec était auparavant en usage;

attendu que ces églises avaient été établies par des prédicateurs grecs, avec mission spéciale du pape, ce qui n'infirme, en aucune manière, le grand et fructueux apostolat des six compagnons de St. Denis, Gatien, Trophime, Paul, Saturnin, Stremoine et Martial, qui durent alors réunir sous leur juridiction, des églises isolées, éparses, et jusque-là sans chefs spirituels prédominants, ayant nécessairement, jusqu'à cette époque, conservé la langue de leurs fondateurs[1].

Je pourrais ajouter encore que les diptyques, ou registres des magistrats et des morts, n'ayant été inventés par les Romains qu'après le 3me ou 4me siècles, et adoptés par les chrétiens long-temps après, il n'est pas étonnant que l'on trouve, dans l'histoire des premiers siècles de l'église, tant de lacunes et de confusion, même dans ce qui concerne la série des évêques, et la date de leur intronisation; ainsi qu'on peut s'en convaincre, d'après ce que dit Papon, en plaçant sur le siége d'Arles, St. Trophime, comme premier évêque, en 155, et Orezius sur celui de Marseille, en 414, quoique cette dernière église reconnaisse St. Lazare pour son premier évêque.

Que d'erreurs pareilles ne pourrait-on pas relever dans la plupart des légendistes, et des historiens ecclé-

[1] Vie de St. Denis, imprimerie de Rusand, à Lyon.

siastiques même les plus consciencieux! Il est encore bien des ténèbres que leurs savantes recherches n'ont pas entièrement dissipées, et sur lesquelles il faudrait appeler, avec juste raison, le miracle d'un nouveau *fiat lux*.

CHAPITRE III.

Irruption en Provence, des premières hordes barbares du Nord.

C'est au moment où la paix semblait rendue à l'empire ; où l'humanité commençait à respirer, et le christianisme à devenir de plus en plus florissant, malgré les différentes persécutions des empereurs, que les Vandales, sortis de leur repaire germanique, conduits par leur roi Crochus, franchissant le Rhin en 406, passent d'abord en Espagne, d'où ils reviennent ensuite pour inonder les Gaules, le fer et le feu à la main ; ne laissant sur leurs traces, que meurtres, incendies, ruines et dévastations. Ils étendent peu à peu leurs ravages jusques sur les bords du Rhône, et le traversent, en détruisant de fond en comble, toutes les villes riveraines et environnantes. Rien n'échappe à la fureur de ces barbares; hommes, enfants, femmes, vieillards, prêtres, tous sont égorgés ou traînés en captivité. C'est d'après les horreurs qu'ils commirent, que le génie de la destruction a été désigné sous le nom de *Vandalisme.*

Quelques années après, l'armée visigothe, qui occupait déjà l'Italie, pénétra en Provence, où plusieurs Rois de cette nation régnèrent depuis 412 jusqu'en 556. Quoiqu'Ariens, ils laissèrent toujours les catholiques libres dans l'exercice de leur religion. Les conciles furent même plus fréquents alors, que sous les empereurs. Leur gouvernement fut doux, et ils remirent en vigueur le code Théodosien, revisé par des jurisconsultes distingués. Dès l'année 480, toute la Provence fut soumise à Euric, et si ce grand roi ne fut pas mort peu après, il est vraissemblable, qu'il aurait conquis et civilisé toutes les Gaules, et enlevé cette gloire aux Francs.

L'invasion des Bourguignons qui, venant du Nord, avaient aussi passé le Rhin avec les Vandales et les Huns, au nombre de 80,000, ne fut pas, pour les Gaules, un sujet de grande épouvante et de deuil, n'ayant pas tardé à se faire chrétiens, ce qui, en adoucissant leurs mœurs, les rendit de jour en jour plus sociables. Dès l'année 474, ils occupèrent tout le pays au-delà de la Durance, la Savoye, les Alpes Grecques et Pennines; et dix ans après, leur roi Gondebaud, qui avait son siége à Lyon, soumit toute la Provence à sa domination. Ce royaume ne s'étant éteint qu'en 537, les enfants de Clovis s'emparèrent de ses dépouilles.

En 570, un orage terrible grondait derrière les Alpes: Les Lombards, sortis de la Scandinavie, et introduits dans l'Italie par Narsès, pénètrent par les montagnes dans la Provence, et après l'avoir mise à feu et à sang, ils retournent en Italie, chargés de butin, traînant à leur suite, un grand nombre de captifs, après avoir vaincu et tué le patrice Amat dans un combat sanglant. L'année suivante, d'autres hordes Lombardes rentrèrent par Embrun; mais elles furent complètement défaites par Mummole, envoyé contre elles par Gontran, roi des Bourguignons.

Oubliant bientôt leurs derniers désastres, animés sans doute par un esprit de fureur et de vengeance, les Lombards réunis aux Saxons, ont l'audace de tenter une troisième invasion. D'après Grégoire de Tours, et Paul diacre, ils campent et s'établissent à Estoublon, près de Riez, d'où ils ravagent toute la contrée; lorsque Mummole, qu'on pourrait surnommer le grand exterminateur des barbares, les tailla en pièces, et en fit un massacre à la *Marius*, puissamment secondé par les deux frères Salonius et Sagitaire, évêques de Gap et d'Embrun, qui firent des prodiges de valeur. Les barbares capitulèrent le lendemain du combat, abandonnèrent tout leur butin, et retournèrent en Italie. Après cette mémorable défaite, les Saxons ne pouvant s'accorder avec les Lombards, pour le partage de leurs terres, résolurent de retourner dans leurs pays, et c'est sur leur passage, que la Provence fut encore entièrement saccagée; ces barbares coupant les blés verts, arrachant les vignes et les oliviers, et se livrant à tous les genres de dévastation.

Enfin, en 574, trois chefs Lombards, (ils n'avaient

plus de rois,) Zabon, Rhodanus et Amon, firent une nouvelle et dernière invasion dans le royaume de Gontran. C'est Amon qui ravagea la haute Provence, pilla Digne, Sisteron, Riez, et tous les pays qui se trouvèrent sur son passage. En allant dans la basse Provence, il assiégea, mais inutilement Arles et Marseille; tandis que Aix ne se délivra des attaques de ce barbare, qu'en lui donnant 22 livres d'argent. Ce fut Mummole, qui purgea encore les deux Provinces Austrasienne et Bourguignone, de nos trois hordes dévastatrices, par de nouvelles victoires, qui l'élevèrent si haut dans la reconnaissance des Provençaux, dont il avait été l'illustre et désintéressé libérateur.

Telle est l'analyse succinte des principaux évènements qui ont agité la Provence jusque vers le milieu du 6me siécle. On a déjà pu voir, dans le chapitre II, que c'est au milieu des troubles, des guerres, des invasions des barbares, et des persécutions des empereurs, que la ferveur des premiers chrétiens a réalisé cette belle pensée de Tertullien: *Sanguis martyrum, semen christianorum*; le sang des martyrs, a été la semence des chrétiens, et a fait pénétrer la foi évangélique, jusque dans les contrées les plus asservies au joug de l'idolâtrie.

A l'exemple de ce qui se passait en Orient, la vie cénobitique fut embrassée, à la même époque en Provence, par les personnages les plus hauts en dignité et en fortune, qui, en quittant le monde, se consacraient, dans la retraite, au culte exclusif du vrai Dieu. Alors apparaissent à la voix des Honorat, des Cassien, des Childebert, les célèbres monastères de Lerins, de St. Victor et de Mont-Majour, fondés en 376, 408 et 530, devenus dans la suite la pépinière de l'épiscopat français, où la religion a choisi, pendant si long-temps, tant de saints évêques, qui ont fait la gloire et l'ornement de leurs siéges.

Ici commence l'histoire de St. Eucher, qui, se dépouillant d'une immense fortune, et renonçant à la dignité de sénateur romain, s'enferma dans un souterrain sur les bords de la Durance, que je crois aujourd'hui avoir été situé dans le territoire de Sainte-Tulle, pour y vivre dans la retraite et la prière[1]. Mais, d'après les decrets de la providence, Eucher ne tarda pas à sortir de cette humble et obscure solitude, pour devenir à l'illustre siége de Lyon, le digne successeur des Pathin et des Irénée.

Parmi les monuments historiques, soit martyrologes gallican et romain, soit toute autre biographie sacrée, je n'ai rien trouvé de plus authentique, concernant ce St. personnage, que la vie de sa fille aînée, Ste Consorce, publiée par le père Mabillon[2], et écrite par un auteur contemporain. Le ton simple et naïf qui règne dans cette narration, porte un caractère de franchise et

[1] Voyez le chap. IX, où ce fait historique est traité en détail.
[2] Acta sanctorum, tom. 1 pag. 666.

de vérité qui attache le lecteur; et au lieu d'y voir l'entraînement d'un panégyriste, on n'y découvre qu'un tableau de mœurs chrétiennes, extrait de l'intérieur d'une sainte famille. Il aurait été à désirer que certains légendistes du moyen âge, eussent toujours apporté, dans leurs récits, ce ton de réserve et de candeur, qui aurait ôté, aux ennemis de la religion, tout prétexte à leurs sarcasmes, et à leurs calomnies; dégoûtante pâture que l'incrédulité imposa toujours aux cœurs corrompus, aux âmes avilies; digne fruit de la philosophie du 18me siècle, qui a infecté, si malheureusement, la partie la plus civilisée du genre humain.

CHAPITRE IV.

Vie de Sainte Consorce, fille aînée de saint Eucher, évêque de Lyon, et sœur de Tullia; contenant divers détails sur sa famille.

Eucher [1] de l'ordre des Sénateurs Romains, et Galla son épouse, issue de parents nobles, s'étaient rendus célèbres dans le monde, par leurs possessions immenses, leurs grands trésors et leurs nombreux domestiques; ils étaient surtout illustres par la crainte du Seigneur qui est le commencement de la sagesse en présence du Créateur de l'Univers. Eucher et Galla n'ayant pas d'enfants, adressèrent au ciel des prières que Dieu

[1] Usuardus, Odo, Surius, n'ont reconnu qu'un seul Eucher, évêque de Lyon, dont on célèbre la fête le 16 novembre. Théophile Reynaud, dans la Légende des Saints de Lyon, prouve très-bien qu'il faut en distinguer deux; et le très-illustre cardinal Baronius, dans le tome VII de ses Annales, après avoir retracté sa première opinion qui n'admettait qu'un seul Eucher, dit que le second vivait vers l'an 529. Il a certainement existé deux Eucher; l'un plus ancien, très-célèbre par ses écrits et loué par Genadius, et un autre qui est venu après : ils furent tous les deux de l'ordre

exauça, une fille qu'ils appellèrent Consortia (nom qu'ils avaient fait vœu de lui donner) vint combler leurs souhaits, parce qu'ils désiraient avoir un héritier pour propager leur race.

Cette fille, élevée dans la crainte du Seigneur, se distingua dès ses plus tendres années, par un esprit reli-

des Sénateurs, tous les deux évêques de Lyon, tous les deux vécurent dans la retraite après leur mariage; le premier, à l'île de Lero, appelée aujourd'hui Ste-Marguerite; le second, dans une grotte près de la Durance; ils furent tous les deux saints; quoique le Martyrologe romain ne fasse mention que d'un Eucher, le Martyrologe gallican fait, au même livre, la commémoration des deux Eucher. Eucher l'ancien fut contemporain de saint Hilaire, évêque d'Arles; le second, le fut de saint Césaire, archevêque de la même ville, quatre-vingt-douze ans après, comme on le lit dans la Vie de ce dernier, par saint Cyprien, son disciple, évêque de Toulon, § 25. Le premier est mort sous le règne de Marcien et de Valentinien, comme l'écrivit Genadius, c'est-à-dire, vers l'an de Jésus-Christ 454; l'autre est mort après le second concile d'Orange auquel il assista et qu'il souscrivit l'an 529, et c'est de ce dernier qu'il est question ici. *P. Mabillon, Acta Sanctorum, etc.* tome I, pag. 666.

Spaudanus, évêque de Pamiers, qui a recueilli en abrégé les Annales de Baronius Reverentius, dans l'histoire des évêques de Lyon, de Lamure, dans l'Histoire ecclésiastique de Lyon, et Labbé, dans la collection des conciles, assurant que l'on doit admettre deux Eucher. Mais ce qui met hors de tout doute l'existence du dernier Eucher, père de Consortia et de Tullia, c'est le miracle qu'il opéra en guérissant une femme paralytique, d'après les ordres de saint Césaire, qu'il accompagnait dans le voyage à Rome de ce dernier, à travers les Alpes, mandé par Théodoric, roi des Ostrogoths, qui demeurait à Ravennes. Ce miracle est constaté par saint Cyprien, évêque de Toulon, dans la Vie qu'il a publiée de saint Césaire, qui vivait près d'un siècle après saint Hilaire, contemporain du premier Eucher. *Gallia christiana*, tome IV, page 20. *Acta Sanctorum, ord. S. bened.* t. I. Théophile Raynaud, tome VIII.

gieux et saint, comme semblait le présager son nom, par une espèce d'inspiration cachée, Dieu l'appellait au partage du royaume des cieux. La naissance d'une seconde fille qu'ils appellèrent Tullia vint encore augmenter leurs espérances, et il s'écrièrent : le Seigneur multipliera notre race, par Consortia et Tullia, comme il a multiplié dans la maison de Jacob, par Rachel et Lia, les héritiers de la terre promise.

Ensuite Eucher, voulant accomplir un projet qu'il avait depuis long-temps dans l'esprit, dit à sa femme : « Vous connaissez sans doute, ma douce amie, et vous avez conservé dans votre mémoire les avis salutaires de Notre Seigneur Jésus-Christ, nous avertissant dans son Évangile, en ces termes : *Venez à moi, vous tous qui êtes fatigués et chargés, et je vous soulagerai ; portez mon joug, apprenez de moi que je suis doux et humble de cœur, et vous trouverez le repos de vos âmes.* (Math. 11, 29). Pourquoi n'observerons-nous pas religieusement des préceptes que suivent d'aussi douces promesses ! Si cela ne vous déplaît pas, j'ai résolu de couper mes cheveux, et de vivre dans une grotte que pour accomplir mon dessein le Seigneur m'a montrée ; elle est située dans le territoire d'Aix, et dans notre champ que nous appelons Mont Mars, *Montem Martiam,* proche le fleuve de Durance. »

A ces paroles, Galla, satisfaite et prise par un sentiment de dévotion, se jeta à ses pieds, en lui rendant grâces, et le priant au nom du Seigneur qui lui avait inspiré une aussi grande résolution, de ne pas la laisser dans la désolation, mais de faire plutôt ensorte, qu'après la dissolution du lien conjugal qui les avait réunis tous les deux, comme dans une même chair, ils fussent liés envers le Seigneur par un même esprit, et par un même dessein, disant : si vous voulez vous enfermer dans une grotte, permettez-moi, je vous prie que, changeant mes occupations, je vous serve comme votre servante.

Pour accélérer l'accomplissement de ce vœu, Eucher fit préparer un grand festin, auquel il invita ses parents et ses amis, et leur fit part de son dessein; ceux-ci n'adoptèrent pas son avis, mais l'esprit des Saints le faisant persévérer, Eucher ne voulut pas consentir à changer sa résolution; bien plus, Eucher et Galla firent trois portions de tous les biens qu'ils possédaient; ils en donnèrent une aux pauvres; divisèrent la seconde à leurs domestiques, et laissèrent la troisième à leurs filles.

Entré dans la susdite grotte, St. Eucher la ferma de tout côté, afin que personne ne put s'approcher, et la bienheureuse Galla lui portait tous les jours, vers le soir, les aliments comme elle l'avait demandé, et les lui transmettait par une petite fenêtre. Peu de jours aprés leur changement d'état, leur fille Tullia qui était restée dans la virginité, mourut et elle fut ensevelie dans une double grotte située dans son champ, qu'on appellait *Tetca*. A cette nouvelle, St. Eucher s'écria: *Dieu me la donna Dieu me l'a ôtée, que le nom du Seigneur soit béni et qu'il soit fait comme il a plu à Dieu*; (Job. 1). il exhortait Galla de ne pas s'affliger de cet événement.

Comme Galla était inconsolable, un jour s'étant endormie, après la prière du matin, elle vit en songe la bienheureuse Tulle qui se présenta à elle vêtue d'une robe blanche, et d'un manteau brillant d'or, en lui disant: pourquoi me pleurez-vous comme si vous m'aviez perdue, puisque le Seigneur m'a fait entrer dans la réunion des Vierges saintes! Sachez que vous me suivrez aussi auprès du Seigneur, car il vous a préparé une couronne parce que vous avez observé ses commandements. Mon père qui sera élevé à une chaire pontificale mourra après nous, et sera grand devant Dieu. Ma sœur Consorce qui vivra dans la virginité, aura beaucoup à souffrir pour cela, jusqu'à ce qu'elle même obtienne la couronne réservée à la vie. A son réveil, Galla rapporta ce songe à St. Eucher qui, dans le transport de sa joie l'interrompit dans son récit, en s'écriant: Je vous rends grâces, ô bon pasteur, parce que vous avez voulu descendre jusqu'à consoler vos serviteurs, et que vous les avez jugés dignes de leur rendre la joie, après l'affliction. Depuis lors, ils ne pleurèrent plus leur fille.

Après cet événement, un jeune homme appellé Aurelia, vint trouver St. Eucher pour lui demander sa fille Consorce en mariage. Réfléchissant sur la révélation qu'avait eue Ste. Galle, et ayant des craintes sur les suites de la demande d'Aurélien, St. Eucher lui répondit: la jeune fille que vous demandez en mariage et assez âgée pour se prononcer elle-même, car je la laisse libre de se marier ou de vivre dans la virginité. Ayant interrogé Ste. Consorce, qui fut amenée en sa présence, elle répondit qu'elle n'avait pas le pouvoir de promettre ce qu'on lui demandait, ou la puissance de le refuser, mais que toutes choses sont dans la main de Dieu: j'ai, ajouta-t-elle, pour époux Jésus-Christ qui ne m'abandonnera pas, jusqu'à ce qu'il m'introduira dans son lit nuptial. Le jeune homme ayant entendu ces paroles, se tut, et envoya vers elle des dames nobles ses parentes, afin de l'engager par des poroles flatteuses à s'unir à lui par le mariage. Comme elles l'importunaient, elle demanda un délai de sept jours, pour consulter la volonté de Dieu.

Lorsque ces dames eurent quitté Ste. Consorce, elle se mit en prières, et supplia le Seigneur par le jeûne, les veilles et les larmes, de la diriger selon sa volonté. Sur ces entrefaites, la vie de la bienheureuse Vierge Eugénie, tomba entre ses mains: elle vit que cette Sainte, issue de parents payens les avait abandonnés, s'était convertie à la religion de Jésus-Christ, et qu'après avoir coupé ses cheveux, elle était restée pendant long-temps dans un monastère parmi les serviteurs de Dieu, avec des habillements d'homme; elle dit alors en elle-même, si cette bienheureuse abandonnant ses parents payens, s'est convertie à Dieu, est demeurée dans la virginité, et a obtenu la palme du martyre, combien moi qui suis née de parens chrétients, rachetée par le sang de Jésus-Christ, dois-je mieux persister dans la détermination de vivre dans la virginité? elle priait, en disant: Seigneur, vous qui avez converti Eugénie, en l'enlevant au culte des idoles, faites que moi qui vous ai été consacrée dès ma naissance par un bain salutaire, je parvienne à jouir de sa société. Son cœur se raffermissait ainsi dans le Seigneur.

Le septième jour, Aurelien, jeune homme très-illustre, étant retourné auprès d'elle, avec les dames qu'il avait chargées de la gagner par des promesses, l'interrogèrent sur la détermination qu'elle avait prise, pendant le délai qu'elle avait demandé. Je vous ai déjà dit, répondit-elle, que je n'avais pas la faculté de promettre, ni le pouvoir de refuser, mais que toutes choses sont dans la main de Dieu. Si vous le voulez, nous irons ensemble à l'église, et après avoir entendu la messe, et fait une prière commune, nous ouvrirons le livre des Saints Évangiles placé sur l'autel, et nous connaîtrons la volonté de Dieu, par le premier chapitre que nous lirons. Cela ayant été ainsi fait, la servante du Seigneur, ouvrit le livre sacré, et commença à lire: *Jésus-Christ Notre-Seigneur a dit à ses disciples: Celui qui aime son père ou sa mère plus que moi, n'est pas digne de moi* (*Math.* 10). Consorce remplie d'une grande joie, rendant grâces à Dieu, dit au jeune homme: cherchez une épouse selon votre volonté, car Jésus-Christ qui ne veut pas m'abandonner, est mon époux. En entendant ces paroles, Aurelien plongé dans la tristesse retourna chez lui, avec les dames qui l'avaient accompagné. Ste. Consorce ayant pris le voile sacré, alla à la grotte où étaient ses parens, et elle priait avec eux.

En ce temps là, Viventiolus, évêque de la ville de Lyon mourut. C'était l'usage dans cette église, d'attendre, après la mort de l'évêque qui la gouvernait, que le choix de son successeur fut révélé par le Seigneur. Alors, tous les habitants ayant passé trois jours dans le jeûne, un ange du Seigneur apparut à un enfant, et lui dit : un Sénateur Romain, appelé Eucher, est renfermé dans une grotte, auprès du fleuve de Durance, où, après avoir abandonné tout ce qu'il possédait, il a suivi le Seigneur ; allez auprès de lui, et emmenez-le pour être votre pasteur, parce que Dieu l'a choisi. A la pointe du jour, cet enfant ayant fait part de son songe aux anciens, tous les frères assemblés, aprés avoir rendu grâces au Seigneur tout puissant, l'archidiacre qui administrait l'église de Lyon, fut envoyé, avec des clercs, au lieu indiqué, et ils trouvèrent Eucher comme Dieu le leur avait révélé.

L'archidiacre ayant fait connaître à Eucher l'objet de sa visite, celui-ci protesta qu'il ne sortirait pas volontairement de sa grotte, et qu'on ne l'emmènerait que lié. Comme il répétait souvent ces paroles, l'archidiacre ayant fait abbattre le mur qui fermait la grotte, l'en fit sortir, et il le conduisit lié à Lyon, conformément à son serment. A son arrivée, le clergé et le peuple, le choisissant pour évêque d'un commun accord, il fut installé solennellement sur la chaire pontificale. Après le départ d'Eucher, Galla entra dans la grotte où s'était caché cet homme de Dieu, et y passa religieusement le reste de sa vie : sa fille Consorce lui portait chaque jour ce qui lui était nécessaire pour vivre comme elle-même l'avait fait auparavant à son mari.

Comme il serait trop long de raconter toutes les choses que le Seigneur a opérées miraculeusement par son serviteur Eucher, Galla et leur fille Tullia, je rapporterai en peu de mots la vie de la bienheureuse Consorce, telle que je l'ai entendue raconter par les saints frères Uranius, prêtre, et Celse, sous-diacre, qui lui étaient attachés pendant qu'elle vivait, et par le prêtre Aurelien qui, jusqu'au moment où cette vie était écrite, avait servi Dieu auprès de son tombeau.

Sainte Consorce, après la mort de ses parents, étant devenue maîtresse d'elle-même, construisit dans son champ appelé le village de *Mocton*, une église dédiée à saint Étienne, premier martyr, et y institua également, à ses frais, un hôpital. Elle fit ensuite de larges aumônes aux pauvres plaçant ainsi son trésor dans le ciel, et elle donna la liberté à ses domestiques. Après ces dispositions, elle se rendit auprès de Clotaire, roi des Français[1], pour le prier d'ordonner qu'elle put vivre tranquillement dans son royaume, pour servir Dieu en demeurant dans la virginité. Comme elle approchait du palais, le Seigneur apparut en songe au roi dont la fille était malade depuis long-temps, et lui dit : Pourquoi vous affligez-vous au sujet de votre fille ? une de mes servantes appelée Consorce vient à vous, elle rendra à votre fille son ancienne santé, faites en sorte de lui accorder de bon gré, tout ce qu'elle vous demandera. A son réveil, le roi appela tous ses fidèles serviteurs, leur raconta ce qu'il avait vu en songe, et leur dit : allez à la recherche de la servante de Dieu qui m'est annoncée, en quelque endroit que vous la trouviez emmenez-la-moi. L'ayant trouvée, et lui ayant demandé son nom et sa patrie, ils la conduisirent aussitôt auprès du roi : elle pleurait et priait pendant qu'on la conduisait, craignant que le roi qui avait ordonné de la rechercher avec tant de sollicitude, ne la convoitât. Lorsqu'elle fut arrivée au palais, le roi se levant de son trône, alla à sa rencontre en lui disant : priez pour moi, servante du Seigneur, et rendez à ma fille son ancienne santé, comme le Seigneur m'a cru digne de m'en faire cette nuit la révélation : elle répondit qu'elle n'était pas capable de telles actions, qui n'étaient propres qu'aux Saints ; le Roi néanmoins, certain de

[1] Fils de Clovis, et premier de ce nom.

la promesse de Dieu, la fit entrer dans la chambre où était couchée la jeune fille, en proie à la fièvre.

Étant donc entrée, elle se mit à genoux, et pria en répandant des larmes: se levant ensuite, elle salua la jeune fille, en disant, la paix soit avec vous. Celle-ci s'étant recueillie; je sais lui répondit-elle, (car elle paraissait avoir oublié ses premières paroles), que la paix est avec moi, puisque j'ai été jugée digne de vous voir, car dès le moment que vous êtes entrée dans le palais, la fièvre qui me dévorait, m'a quittée et je suis effectivement bien portante. Je vous prie donc de me bénir et de me reconforter avec les aliments dont vous faites votre nourriture ordinaire. La servante du Christ lui donna un morceau de pain d'orge, et des amandes qui lui servaient d'aliment quotidien.

Le roi apprenant que sa fille avait recouvré la santé, entra précipitamment dans sa chambre, et dit à Ste. Consorce: tout ce que vous demanderez dans mon royaume, vous sera accordé, je vous donne avec plaisir, autant d'or et d'argent que vous désirerez. La sainte se jettant à ses genoux, lui dit, je vous prie ô roi mon Seigneur, de donner aux pauvres tout ce que vous m'offrez; ce que je vous demande surtout, c'est que vous me permettiez de vivre selon mon désir, dans la virginité, sans être inquiétée par personne, et que vous approuviez par votre munificence, tout ce que j'ai fait et tout ce que je ferai envers mes domestiques, et dans les lieux consacrés à Dieu. Le roi recevant avec joie sa demande, lui accorda tout ce qu'elle désirait, et lui donna des lettres pour ses gouverneurs, en leur disant que celui qui porterait quelque préjudice à Consorce, encourrait son courroux. La servante du Seigneur, retourna ainsi chez elle.

Peu de temps après, le roi Clotaire étant mort, Hecca l'un des principaux officiers du palais, fut envoyé par Sigebert[1] qui avait succédé à son père, pour mettre de l'ordre dans la Province de Marseille. Pendant qu'il remplissait sa mission, le diable prenant pour organe de sa fourberie, un certain habitant du pays, lui dit: il y a dans ces lieux, une jeune fille très-belle, appellée Consorce, issue de parents nobles, qui est orpheline, elle a de grandes possessions, des richesses innombrables, de nombreux domestiques, et elle n'est pas mariée. Hecca apprenant cela, envoya un de ses serviteurs à Consorce, pour la prévenir de sa visite, et se hâta ensuite de se rendre auprès d'elle. Ayant salué sans déguisement la servante du Seigneur, après un court entretien ils se mirent à table. Pendant le repas en la considérant attentivement, il admira sa beauté, la prudence de ses discours et son cœur fut en-

[1] La Province phocéenne (qui avait été donnée par Vitigès, roi des Ostrogots a Theodebert, roi des Austrasiens) fut soumise en partie à Sigebert et en partie à Childebert son fils, au lieu d'être toute soumise à Gontran, roi des Bourguignons, comme le dit Grégoire de Tours, Histoire, liv. 2. chap. 27, dans un passage remarquable au sujet de Chlodoneus.

flammé d'un tel amour, qu'il put avec peine le réprimer, ne laissant pas encore voir cependant ce qui se passait dans son esprit, il s'empressa de retourner auprès du roi. Après lui avoir annoncé qu'il avait rempli sa mission heureusement, il ajouta : ô roi mon Seigneur il y a dans ce pays une jeune personne non mariée qui ayant perdu ses parens, habite seule dans ses domaines; si j'ai trouvé grâces devant vous, je vous prie de me permettre de l'épouser.

Le roi lui ayant accordé sa demande, Hecca envoya à Ste. Consorce un messager, avec un des gens du roi pour le lui annoncer, et lui dire de se préparer à célébrer les noces dans 13 jours. Attristée par cette nouvelle, elle répondit avec résignation. *Celui qui résiste au souverain résiste à l'ordre de Dieu :* je suis la servante du roi, je ne puis résister à sa puissance, je m'efforcerai de faire tout ce qu'il ordonnera. Elle voulait parler du véritable Seigneur Roi, c'est-à-dire de Jésus-Christ. Les messagers croyant qu'elle parlait du roi Sigebert, racontèrent à Hecca tout ce qu'ils avaient entendu. Celui-ci plein de joie, se prépara à se rendre promptement auprès de Consorce.

Sur ces entrefaites, la servante de Dieu se livrant aux jeûnes et aux veilles, priait en disant : Jésus-Christ mon Seigneur qui jusqu'aprésent m'avez préservé de toute souillure, Seigneur, vous que je sers avec dévotion depuis mon enfance, ne m'abandonnez pas, afin que l'ancien serpent qui trompa Ève par la douceur de ses paroles, par la beauté et la suavité du fruit défendu, ne l'emporte pas sur votre servante : puisque vous n'abandonnez pas ceux qui espèrent en vous, faites que j'arrive sans tache à la communauté de vos Saints. La servante du Seigneur se trouvait plongée dans une telle tristesse, que les angoisses qui l'accablaient étaient sur le point de lui faire perdre l'esprit. Tourmentée par ces chagrins, elle entra un certain jour dans l'oratoire de St. Étienne, dont nous avons déjà parlé, se mit en prières en se prosternant, en rependant beaucoup de larmes, et elle s'endormit. Pendant son sommeil, un ange du Seigneur lui apparut, et lui dit : Consorce, pourquoi vous affligez-vous ! le Seigneur que vous servez ne vous abandonne pas, car l'époux que le roi vous envoie ne parviendra pas jusqu'à vous. Appellez les pauvres à un grand festin que vous préparerez ; ordonnez de disposer à la place où vous êtes couchée maintenant un lieu pour servir de sépulture à celui qui veut vous enlever comme épouse à Jésus-Christ ; dans trois jours on viendra vous prévenir de l'arrivée d'Hecca, allez à sa rencontre en chantant avec les pauvres. Dès qu'il vous verra, il se tuera avec son propre glaive.

En s'éveillant, la servante du Seigneur dit à sa suivante, n'avez-vous pas apperçu quelqu'un qui me parlait pendant mon sommeil? elle lui répondit, j'ai vu un homme inconnu, revêtu d'habillements blancs, dont la voix retentissait à mes oreilles, pendant qu'il parlait avec vous sans remuer les lèvres, mais je n'ai pas compris ce qu'il disait. Ste. Consorce fut aussitôt certaine qu'un ange lui avait apparu, ce qui la combla de joie; et elle rendit grâces au Seigneur, en s'écriant : ô bon pasteur, je vous rends grâces, parce que vous ne délaissez pas votre servante, et que vous la délivrez de tous ceux qui la persécutent ; elle fit ensuite tout ce que l'ange lui avait ordonné. Le treizième jour arrivé, un messager prenant les devants vint lui annoncer que son fiancé se trouvait sur la rive opposée de la Durance ; elle sort pour aller à sa rencontre, revêtue de ses habits de fêtes, entourée d'une troupe de pauvres qui chantaient. Hecca tout joyeux en la voyant, sort sans précaution du bateau, les pieds lui glissent, il tombe et meurt percé de son épée qu'il tenait par hazard dans la main. La servante de Dieu voyant ainsi accompli tout ce que lui avait prédit l'ange, rendit grâces à Dieu les larmes aux yeux, fit enlever le corps d'Hecca pour l'ensevelir enveloppé d'un suaire, dans le lieu qui lui avait été désigné. Les serviteurs d'Hecca laissant son corps avant qu'il fut inhumé, se hâtèrent de retourner auprès du roi, pour lui annoncer ce qu'ils avaient vu.

C'était le jour de la naissance du roi, et sa sœur que Ste. Consorce avait guérie de sa maladie se trouvait auprès de lui, en le voyant affligé, elle lui demanda la cause de sa tristesse. Le roi lui ayant raconté ce qu'on venait de lui rapporter, elle répondit : je crois que la jeune fille, dont vous venez de parler et pour laqu'elle Hecca est mort si subitement, est la même Consorce vierge sainte, qui venant de sa Province ici, pendant le vivant de notre père, me délivra par ses prières de la fièvre. Prenez garde que cette fille que votre père chérissait beaucoup ne soit la cause de la ruine de votre royaume, si vous accordiez la permission d'agir témérairement à son égard. Le roi s'étant retiré, et ayant reconnu que c'était la même jeune fille dont lui parlait sa sœur, il écrivit au chef de la Province pour lui ordonner de n'inquiéter en aucune manière Consorce, et de lui permettre de jouir du privilége que son père lui avait accordé.

Dès ce jour, le Seigneur doua Consorce de tant de grâces devant les hommes, que tous la considéraient comme un ange. Ornée de toutes les vertus, elle était remarquable par la douceur de sa figure, et l'agrément de sa conversation; elle calmait par ses discours, ceux qui se mettaient en colère et réconciliait ceux qui étaient désunis. L'abondance des dons de Dieu, s'était aussi accrue en elle; elle chassait les démons, rendait la vue aux aveugles, guérissait les malades: le Seigneur fit par son intermédiaire, beaucoup d'autres miracles qu'il serait trop long de raconter.

Lorsque le Seigneur voulut la faire reposer de ses longs travaux, il lui apparut en songe, et lui dit: Consorce très-fidèle dispensatrice, tu as été fidèle au-dessus d'un petit nombre, viens que je t'établisse au-dessus d'un plus grand; il est temps que tu te reposes de tes travaux, et que tu reçoives la couronne que tu as conquise depuis ton adolescence, par beaucoup de tribulations, dans huit jours tu viendras à moi, un chœur de Vierges, et un grand nombre d'anges viendront à ta rencontre pour te recevoir les mains ouvertes lorsque tu entreras dans la joie de Dieu. En s'éveillant, elle rendit grâces à Dieu : trois jours après elle prépara un festin auquel elle invita les prêtres et les pauvres. Ses fidèles voisins s'y rendirent aussi, et en distribuant tous ses biens, elle dit : Sachez mes pères et mes frères que ma mort est prochaine, car dans cinq jours, selon ce que m'a annoncé le Seigneur, mon âme abandonnera mon corps ; priez pour moi, afin que je ne rencontre pas la puissance des ténèbres, mais afin que je sois reçue par les anges et introduite dans le séjour des Saints : ensevelissez mon corps dans l'oratoire de St. Étienne. Après cela, saisie par la fièvre, elle s'éleva vers les cieux, le jour que lui avait prédit le Seigneur ; elle fut ensevelie comme elle l'avait demandé, dans l'oratoire qu'elle même avait fait construire[1].

[1] Dans le martyrologe romain, la commémoration de sainte Consorce, est indiquée au 10e jour des Kalendes de juillet, mais dans le martyrologe gallican, on célèbre le trois des ides de mars, la réception de ses reliques dans le monastère de Cluny, quoiqu'on ignore l'époque de leur translation.

CHAPITRE V.

Invasion des Sarrasins et des Hongrois en Provence. — Horreurs qu'ils y commettent durant leur passage, ou pendant leur séjour. — Leur expulsion.

En suivant l'ordre chronologique des évènements qui ont eu quelque rapport à l'état politique et religieux de la Provence, dans les dernières années du 6e siècle, je ne dois pas craindre, qu'il soit ici étranger à mon sujet, d'en tracer un léger apperçu. Les progrès du christianisme, la fondation de divers monastères, et la pratique de la vie solitaire, qui ont illustré cette époque, ne sauraient être oubliés. La Provence par sa position limitrophe de l'Italie, où les barbares semblent n'avoir fait tant d'irruptions, que pour venger l'univers des anciennes invasions des Romains, ne pouvait qu'être exposée à son tour, au désastreux voisinage des premiers. On peut donc regarder comme une garantie de paix intérieure et d'abri, contre l'extérieur, la donation que Vitigès, roi des Goths, qui résidait en Italie, fit à Théodebert, dans l'intention, il est vrai, de s'en faire un allié contre les armées de l'empereur Justinien, commandées par Belisaire et Narsés. Cette donation fut confirmée par le même empereur, 11 ans après, et c'est depuis lors que les rois français ont possédé la Provence, pendant 345 ans, pays comme on sait, que l'empire romain, plaça toujours au rang de ses plus belles conquêtes.

Un fait historique qui appartient encore au même siècle, c'est l'abolition par Justinien de l'usage de calculer le nombre des années dans les actes publics, par le nom des consuls de Rome, inscrits dans les fastes de la ville, en lui substituant le nombre des indictions qui durait quinze ans, ce qu'au reste Constantin le grand, avait déjà établi en 312. Il en est de même de l'action atroce de Gontran qui fit mourir les médecins qui n'avaient pu guérir sa dernière femme Austrigilde, sur la recommandation expresse de la défunte. On peut juger par là, de l'ignorance et de la barbarie de l'époque, lorsque un souverain placé au nombre des Saints, a pu avoir la lâcheté d'obéir à une injonction, aussi atroce, qu'insensée.

Mais comme, c'est le propre de l'humanité d'offrir les contrastes les plus frappants, dans des circonstances analogues, je vois un pape, Grégoire 1er, remercier en termes très-affectueux, Étienne, abbé du monastère de Lerins, qui lui avait adressé un service complet de cueillers et d'assiettes en bois de buis, fruit industriel sans doute, de ses moines, tandis qu'il s'élève avec vigueur contre la simonie, trafic scandaleux des bénéfices ecclésiastiques; contre les mœurs relachées du clergé, et l'ambition des laïcs, qui s'emparaient par violence des évêchés, pour en toucher les revenus; ce qui a jeté tant de confusion et de lacunes, dans la chronologie des évêques en Provence, dont les siéges sont restés long-temps vacans, et envahis par une sacrilége cupidité. C'est le même pape qui interdit *les commandes* ou remplacement des évêques dans leurs fonctions, par leurs voisins, les soumettant à ne pouvoir s'absenter qu'après en avoir obtenu la permission, de l'archevêque d'Arles, établi vicaire-général du St. siége au-delà des Monts. Autre temps, autres mœurs, autres lois, puisque cette permission, ne peut plus être accordée aujourd'hui en France, que par le garde des sceaux, ministre des cultes.

Le régne de Clotaire II, au septième siécle, aura toujours un long retentissement en Provence, par l'exécution sanglante de Brunehaut, (écartelée), mère et femme de nos rois en Provence, accusée de tant de meurtres d'amis, d'ennemis, de fréres, de beaux-frères, de cousins, de neveux, d'enfants, et de la mort de dix rois, au rapport de Baronius. Ce fait n'est rapporté ici, que parce qu'il appartient en quelque sorte à la Provence, Brunehaut ayant été reine, femme, ayeule et bis aïeule de nos rois de ce temps-là.

C'est à ce roi que remonte l'unité de la monarchie, demandée par les grands du royaume, Seigneurs, prélats et officiers, attendu que le partage qui en avait été fait par Clovis entre ses quatre enfants, et qui avait continué entre leurs successeurs, avait donné lieu depuis un siècle, à des guerres de famille, à des dissentions intestines, et à des malheurs publics.

C'est sous le règne de Dagobert, que mourut à l'âge de 127 ans, le célèbre archevêque d'Arles Virgile, dont un effet providentiel n'a prolongé sans doute la carrière que pour donner un plus beau lustre au berceau même du christianisme. C'est sous ce même règne qu'on vit apparaître en 630, Mahomet dont la doctrine si accommodante pour les passions, fit de si rapides progrès, que ses sectaires purent un siècle après avoir fait la conquête de l'Afrique et de l'Espagne, pénétrer en Provence, et y fixer momentanément leur séjour.

Enfin, c'est en 644, que sous le fils de Dagobert, Louis II, commence le règne des rois fainéans, et des maires du palais, qui gouvernèrent et régnèrent en leur nom; rois qui dans les *Annales de la Provence*, pour la fin du 7e siècle, n'ont qu'une inscription purement chronologique, n'ayant été acteurs d'aucun évènement de quelque importance. Mais de sombres nuages s'amoncelant sur notre patriè, vers le commencement du 8e siècle : ils seront encore plus désastreux pour elle, que ceux pendant lesquels elle a eu tant à souffrir, lors de l'invasion des premiers barbares du Nord, tombés sur elle comme sur une proie, offerte à leur dévorante et sanguinaire voracité. L'arrivée des Sarrasins en 730, à leur retour d'Espagne, et le séjour qu'ils firent en Provence jusqu'en 973, fût pour elle une ère nouvelle de malheurs privés et publics: meurtres, pillages, dévastations, viols, incendies, destruction des églises, des abbayes et des monastères, sacrilèges, profanations des choses sacrées, tels furent les premiers actes de brigandage de cette horde, mue autant par son fanatisme contre le nom chrétien, que par la soif du sang dont elle était si profondément altérée. L'horrible massacre des cinq cents moines de Lerins; à Marseille, celui des quarante religieuses de Ste. Eusébie, qui donnèrent l'exemple du courage le plus héroïque, en se mutilant la figure pour échapper aux brutales insultes des barbares; enfin la destruction de la célèbre abbaye de St.-Victor, ne furent que le prélude des sanglantes atrocités, qui par la suite couvrirent de deuil, de larmes et de ruines la Provence, pendant environ deux siècles et demi.

En effet, on sait que pendant cette funeste époque, les Sarrasins s'étaient emparés, dans les Alpes, des passages qui conduisaient en Italie et en ramenaient, pour y rançonner et dépouiller les voyageurs. Ce fut à son retour de Rome, que St. Mayeul, abbé de Cluny, et natif de Valensole, fut arrêté par eux, sortis de leur château du Fraxinet, pour faire des excursions dans le voisinage, et jusque sur les montagnes Alpines. Les outrages faits à ce saint personnage, excitèrent l'indignation générale; la population se leva en masse, et courut aux armes, guidée par Gibelin de Grimaldi, et puissamment secourue par Guillaume premier, comte de Forcalquier, ami de St. Mayeul qui eut la consolation d'assister ce prince, dans ses derniers moments à Avignon, et de le revêtir de l'habit de moine, ce qui était assez ordinaire parmi les grands, et dans les mœurs de ce temps-là.

Après avoir fait des prodiges de valeur pour l'expulsion des infidèles, cette population eut la gloire d'arborer la croix du Christ, sur la citadelle même où flottait, depuis plus d'un siècle, l'étendard de Mahomet. Ainsi. c'est au simple incident de l'arrestation de St. Mayeul, que la Provence a dû le bonheur d'être délivrée de la présence des barbares qui s'y étaient souillés de tant de crimes, et y avaient exercé tant de brigandages impunis; car on sait par tradition orale de père en fils, que le comté de Forcalquier, Manosque, et les pays circonvoisins, furent saccagés et détruits par eux après le 9e siècle. Peut-être faut-il rapporter à cette époque le massacre des chrétiens dans le souterrain ou crypte de la chapelle de Ste. Tulle, ce qui est assez probable, d'après leur rage furibonde contre la religion et ses ministres, et le voisinage de leur habitation, lieu qui porte encore le nom de quartier des Sarrasins, dans le terroir limitrophe du village de Corbières.

On conçoit facilement, qu'indépendamment des malheurs qui accompagnèrent les trois invasions successives des Sarrasins en 733, 812 et 870, le comble de tous les maux pour la Provence, date de leur établissement au château du Fraxinet, en 890; et qu'ils conservèrent jusqu'en 973, époque à laquelle ils en furent chassés pour toujours, comme il a été dit ci-dessus[1]. C'est de cette citadelle qu'ils avaient rendue inexpugnable, devenue leur quartier général, qu'ils s'élançaient comme des vautours du haut de leur aire, sur les populations environnantes, pour les piller, les égorger, ou les rendre esclaves, étendant bien des fois leurs vols et leurs rapines jusqu'en Espagne et en Italie, pays qui étaient devenus, depuis long-temps, leurs infortunés tributaires. C'est à cette lugubre époque, que la Provence a vu détruire tous les monuments dont Rome l'avait embellie, et consommer la ruine de ses principales villes, de ses villages et de ses hameaux; et pour comble de malheur, tout ce qui n'avait pu être détruit par le fer, fut livré aux flammes, tels qu'archives, chartes, manuscrits, bibliothèques, documents historiques et littéraires; rien enfin n'échappa au génie satanique de la destruction.

[1] Il est bon d'observer néanmoins que depuis lors, les Sarrasins firent encore différentes incursions sur les côtes de Provence. Ainsi, en 1197, ils enlevèrent les moines d'Hyères, massacrèrent tous les habitants de Toulon, et, après avoir détruit et mis le feu à la ville, ils traînèrent en esclavage les femmes et les enfants. Dans la suite, un second saccagement eut lieu de la même manière. Fréjus et ses environs eurent aussi à subir de temps en temps de pareilles horreurs.

Des historiens, dignes de foi, nous rapportent que c'est après le 7e et 8e siècles, que la Provence, après les différents ravages des barbares du Nord et du Midi, devint un spectacle d'horreur; la lèpre s'y développa avec tout son cortège effrayant. C'est donc à tort que les ennemis de la religion ont accusé les croisades de l'importation en France de ce redoutable fléau, puisque vers la fin du 6e siècle, un hôpital fut établi à Gourdon, dans l'ancien Charolais, et qu'on voit le pape Étienne dissuader Charlemagne d'épouser la fille de Didier, roi des Lombards, cette nation étant accusée d'avoir apporté et introduit la lèpre en Italie, en 568. Cependant, il serait bien possible que, sans importation, cette maladie eut été engendrée par la seule misère, la malpropreté, l'ignorance des lois de l'hygiène, et une nourriture insuffisante et insalubre, après tant de malheurs publics, et de calamités imprévues.

Mais, comme si le tableau que je viens de tracer, n'était pas déjà assez rembruni, la Haute et la Basse Provence, quoique encore sous le joug des sectateurs de Mahomet, deviennent en 925 les victimes nouvelles des féroces Hongrois, venus de Scythie en Italie, appelés par Bérenger, roi de cette dernière contrée, afin de les opposer à Rodolphe, roi de la Bourgogne transjurane. Non moins barbares que les Sarrasins, ils ne laissent sur leur passage, que des ruines et une voie de sang, jusqu'au Rhône, qu'ils traversent, pour porter leurs déprédations en Languedoc, où la main de

Dieu les arrête, par une cruelle peste qui les fit tous périr. C'est après cette tempête, véritable ouragan qui, quoique de peu de durée, occasionna tant de désastres, qu'un rayon d'espérance, commença à luire momentanément sur la Provence, et qu'on vit sa population respirer et renaître, comme s'il n'y avait eu plus rien à craindre pour l'avenir. On ne compta pas alors comme sérieux, quelques troubles d'intérieur, des dissentions civiles et religieuses, ainsi que divers accidents de guerres féodales, heureusement isolées et circonscrites; la tyrannie des chatelains pouvant, dans certains cas, rivaliser avec celle des barbares.

CHAPITRE VI.

A quelle cause faut-il attribuer la si prompte réédification des monastères, des abbayes, et d'autres établissements religieux, après les différentes invasions des Barbares, et surtout des Sarrasins, si acharnés à la destruction des édifices du culte catholique, et au massacre des Prêtres.

Si le vandalisme révolutionnaire a consacré de nos jours son génie destructeur au renversement du plus grand nombre des édifices religieux ; si le culte chrétien a été momentanément aboli ; si ses ministres ont été proscrits par des lois tyranniques ; si par une extravagance plus que ridicule, on a enlevé au peuple son Dieu, pour lui donner l'Être Suprême, et si nous avons vu dès l'apparition du concordat, sous le sceptre victorieux de Napoléon, la religion sortir de ses ruines, retablir son empire, relever ses temples, ses autels, et jeter dans la boue la stupide déesse de la Raison, nous ne devons point être étonnés des promptes et pour ainsi dire miraculeuses reconstructions des édifices chrétiens, au moyen âge, l'esprit du christianisme étant encore alors dans toute sa sève et sa vigueur primitives. En effet, s'il est écrit qu'avec la foi on transporte les montagnes, nous pouvons dire à notre tour, qu'avec la foi on a bâti, sous nos yeux, des chapelles, des églises, des couvents, des monastères, qui peuvent le disputer, en magnificence et en étendue, à ceux de l'ancien régime. Il ne leur manque que le vernis antique, pour faire méconnaître leur nouvelle construction. Mais en suivant ici la marche et la série des évènements qui ont agité la Provence, où les imaginations s'exaltent si facilement, il est impossible de ne pas mentionner ce qui a eu lieu au commencement du 11e siècle où l'idée de la fin du monde, s'étant répandue d'une manière générale dans tous les rangs de la société, on ne sait à quel propos; chacun crut racheter son salut, et assurer celui de ses parents, par la donation de vastes possessions territoriales, faites aux corps religieux. Cette luxuriante générosité, très-louable en elle-même par l'esprit qui l'avait dictée, quoiqu'elle eut pu être mieux entendue, et plus réservée, fit cependant naître le besoin de la culture des terres, parce que celle-ci, exigeant des bras plus nombreux et plus forts que ceux des moines, ceux-ci furent obligés de faire un appel aux bras robustes qui avaient échappé au fer ou à l'esclavage des Sarrasins. De là l'origine des villages, des bourgs établis près des monastères, ce qui nous donne une date certaine, pour la renaissance de l'art agricole entièrement perdu dans les deux siècles précédents, pendant lesquels les terres demeurèrent incultes, par la dépopulation qui avait eu lieu, comme une suite ordinaire dans tous les temps, de la misère publique, confirmant en ce point ce que dit Montesquieu, que *partout où un ménage peut vivre, il se fait un mariage.*

Il résulte évidemment de ce qui précède, que les moines ont fondé les premiers éléments de l'industrie agricole, en appelant le peuple à la culture de leurs domaines ; on n'ignore pas, en outre, qu'ils ont travaillé eux-mêmes de leurs propres mains, au défrichement des terres incultes, à abattre des forêts, à dessécher des marais, se livrant encore à des travaux manuels de tout genre. On voit donc que l'établissement des monastères, loin d'être une cause d'apauvrissement et de misère publique, a été au contraire, après les siècles d'ignorance, un bienfait pour l'humanité, en faisant servir leurs richesses à la fécondité d'un sol, si non stérile, depuis long-temps en friche et abandonné, à la suite de tant d'invasions, et de guerres intestines. Mais la vérité exige que je déclare ici, que les donations faites aux moines et au clergé, dans la circonstance rappelée ci-dessus, ne sont pas la seule cause de leurs richesses ; les aumônes qu'attiraient leurs vertus, et le produit de leurs travaux industriels et agricoles, n'ayant pu que contribuer à les accroître, et à leur donner une origine, exempte tout à la fois de reproches et de captation.

D'ailleurs, on ne peut ignorer que les plus beaux monastères, les plus beaux édifices religieux ont été bâtis par des Corps et des Congrégations, rendant ainsi à Dieu ce qu'ils avaient reçu si libéralement des fidèles, en le consacrant à des actes de charité, qui les établissaient en quelque sorte la Providence des pauvres; l'Italie et l'Espagne nous en ont donné de généreux exemples dans les secours qu'elles ont prodigués aux émigrés français dans le temps de nos tribulations politiques, et que les français rendent, à leur tour, aux malheureux espagnols sortis volontairement ou expulsés de leur patrie.

CHAPITRE VII.

Influence des études et des travaux scientifiques des moines et des clercs, sur la renaissance des lettres et de la civilisation. — Apparition des troubadours. — Naissance de la chevalerie.

Après avoir fait connaître dans le chapitre précédent, de quelle utilité ont été, pour les habitants de la campagne, les monastères établis en si grand nombre dans la Provence, je dois signaler à la reconnaissance publique et à celle de la postérité, les services rendus, dans une plus haute sphère, à l'esprit humain, par la culture des lettres dans le silence du cloître, et leur puissant concours à notre régénération sociale.

Qui ignore, aujourd'hui, que c'est du sein même des cloîtres, que sont sortis les premiers rayons de la civilisation moderne! ne sont-ce pas les moines qui en conservant les anciens manuscrits, en déroulant les papyrus poudréux de leurs bibliothèques, en les traduisant, nous ont fait connaître et transmis les précieux trésors littéraires et scientifiques de l'antiquité? ne sont-ce pas ces pieux cénobites qui ont mis en lumière les chefs-d'œuvre d'Homère, de Virgile, d'Horace, de Demosthènes, de Cicéron et qui en multipliant les copies, ont pour ainsi dire, popularisé la science, en la répandant dans toutes les classes de la société; ce qui m'autorise à dire que, dès lors, la science ne resta plus le partage exclusif des clercs et des hommes d'église. Où en seraient la génération actuelle, et celles qui l'ont précédée depuis plusieurs siècles, sans la connaissance des anciens auteurs grecs et latins, sacrés et profanes, ces premiers précepteurs du genre humain? Croit-on que sans Homère, Hérodote, Aristote, Platon, Demosthènes, Sophocle et Euripide, Virgile, Tite-Live, Pline et Cicéron, et nos modernes, tels que Corneille, Racine, Montesquieu, Mirabeau, Buffon et Cuvier, eussent pu devenir d'aussi grands hommes, et parvenir si glorieusement à l'immortalité? Le génie n'a-t-il pas ses précessions dans l'ordre intellectuel, comme on les retrouve dans l'ordre astronomique? Enfin, si nos Chartes, nos ANNALES HISTORIQUES, nos documents religieux et bibliques, n'avaient pas trouvé un refuge dans les cloîtres, où ils ont échappé au naufrage du temps, et à la fureur des barbares, où en serions-nous, sous le rapport de la religion, des sciences et de l'histoire? C'est donc en vain que les philosophes du dernier siècle ont fait semblant de méconnaître les bienfaits des institutions qui leur ont fourni les lumières dont ils se sont servis si méchamment, à une époque calamiteuse, pour déverser sur elles, le blâme, le mépris, le fiel impur de leur haîne, croyant pouvoir ainsi en ternir l'éclat. Ils mentaient impudemment à leur conscience, et à leur raison; l'histoire est là pour les convaincre, si non d'ignorance, du moins de mensonge et de mauvaise foi; mais la justice quoique tardive, est aujourd'hui rendue à qui de droit, et la vérité est retournée sous son égide.

On ne peut disconvenir que ce ne soit dans le Midi que la diffusion des lumières a été la plus prompte et la plus rapide. C'est dès lors que les mœurs ont commencé à se polir, et les cœurs généreux à battre au doux nom de patrie. De là on a vu éclore les beaux jours de la chevalerie et l'aurore poétique des troubadours, institutions qui contemporaines des croisades, ont pour ainsi dire donné lieu dans les 12e et 13e siècles à une rénovation sociale; la première, véritable école de courage et d'héroïsme personnel, ayant pour mission de protéger l'humanité contre ses oppresseurs, et d'aller combattre pour le triomphe de la croix; la seconde, celle de chanter, sous l'inspiration de la *gaie science*, la gloire, les tournois, les belles et les cours d'amour, ont eu chacune une influence trop grande pour que le Midi ne s'énorgeuillisse pas de voir dater de cette époque, par la création de la langue romane, sa littérature nationale, et l'origine même de la civilisation européenne. On doit convenir aussi que le séjour de la cour de Rome à Avignon, et celui des comtes de

Provence à Aix[1], en y attirant la fleur de la noblesse italienne et provençale, ainsi qu'un très-grand nombre d'érudits et d'hommes de lettres, n'aient ainsi contribué à cette heureuse rénovation. Tels on voit apparaître avec ravissement et dans leurs plus grand éclat, après les sombres nuages de l'hiver, les premiers rayons de l'astre régénérateur, qui vient au retour du printemps, en éclairant le monde, annoncer aux mortels que la nature vit encore.....

[1] Parmi les princes catalans qui ont dû apporter en Provence, quelques reflets de la civilisation des arabes, on doit surtout distinguer Alphonse 1er, roi d'Aragon, qui a mérité comme François 1er, le glorieux surnom de *Père des Lettres*, en leur accordant une protection spéciale. Le même éloge s'adresse à tous les autres Bérengers.

CHAPITRE VIII.

Arrivée en Provence, vers le milieu du 14me siècle ; des bandes de l'Archiprêtre ; de celles des Tard-Venus ; de Transtamare, et du fameux Reymond, vicomte de Turenne.

Il aurait fallu, sans doute, avoir un esprit prophétique, pour pouvoir prédire qu'au moment où la population provençale était en progrès, les beaux arts renaissants, l'agriculture florissante, les campagnes repeuplées, le commerce rétabli, la culture de l'esprit et des lettres, pleine de sève et de vigueur, la paix dans les familles et la religion triomphante, pour pouvoir prédire, dis-je, que le spectre des horreurs commises par les anciens barbares, envahisseurs de nos belles contrées, pendant si long-temps tourmentées et dévastées par le fer ennemi, y apparaitrait de nouveau, sous le cortége de quelques nouvelles hordes, qui, quittant leurs terres germaniques, se dérobant à l'âpreté de leurs climats, et à l'insuffisance de leurs ressources alimentaires, viendraient jouir des douceurs d'un beau ciel, et d'une terre qui abonde en productions de tout genre. C'est là, la première pensée qui se présente à l'esprit, la première idée qu'inspire la terreur d'un ennemi qui vous menace, et qui vient de loin, avec des armes inconnues, un langage barbare, des mœurs étrangères, et un culte différent. Non, non le Nord ne vomit plus ses hordes, ce n'est qu'une bande de brigands nationaux, qui s'annonce aujourd'hui sous le nom de la grande compagnie des gascons, commandée par Arnaud de Servole, surnommé l'archiprêtre, volant, pillant, saccageant, le fer et le feu à la main, tout ce qui se rencontrait sur son passage. Après s'être repliée sur Avignon, elle reçut du pape une somme importante, et promit de sortir du pays. C'est de cette première invasion, en 1358, que datent les beaux remparts d'Avignon, dont le grand maître de Malte, Hérédia, fit tous les frais. Peu de temps après, cette grande compagnie de gascons, toujours commandée par l'archiprêtre reparut au nombre de quatre mille, jetant de nouveau la consternation et la terreur dans tout le pays. Le pape Innocent VI, pour mettre Avignon à l'abri du pillage, accueillit avec distinction Arnaud de Servole, après l'avoir fait demander, l'admit à sa table avec les cardinaux, lui pardonna ses péchés, et lui compta 40,000 écus; ou 522,400 livres. Ce brigand avait déjà reçu en contributions de différentes parties de la Provence, 29,000 florins d'or, ou 190,300 livres. Il se retira alors chargé d'or et de butin, après avoir ravagé le pays, pendant trois mois.

En l'année 1360, une autre compagnie, vil ramassis d'Anglais, d'Allemands, de Brabançons, de Gascons, connus sous le nom de *Tard-Venus*, parce qu'on crut qu'ils ne viendraient que glaner là où leurs prédécesseurs avaient déjà moissonné, vint à son tour ravager les Provinces méridionales. Son chef, qui se faisait appeler d'une manière si atroce et si impie, *l'ami de Dieu, et l'ennemi de tout le monde*, séduit par le bon accueil que le pape avait fait à l'archiprêtre, commença par bloquer Avignon, ce qui augmenta les ravages que la famine y exerçait déjà, ainsi que dans toute la Province. Ces nouveaux brigands passaient au fil de l'épée hommes, femmes, vieillards, enfants; brûlant les maisons et les églises et tout ce qu'ils ne pouvaient emporter. Heureusement que le marquis de Montferrat, voulant aller guerroyer en Italie, les y amena, et en délivra ainsi la Provence, moyennant la somme de 60,000 florins d'or, 579,600 francs, que sa Sainteté lui donna, outre l'absolution de leurs péchés qu'ils lui avaient demandée avec instance; comme si Dieu pouvait oublier leur infâme scélératesse, et les absoudre sans repentir, puisqu'ils allaient en Italie, procéder à des nouveaux forfaits.

L'année suivante fut encore marquée, dans les fastes du brigandage, par l'arrivée d'une autre bande de voleurs et d'assassins, venue d'Espagne, sous la conduite du comte de Transtamare. Elle saccagea encore le pays, et les états assemblés à Draguignan s'en délivrèrent, en lui donnant dix mille florins, dix mille setiers de blé, et deux mille brebis. Mais deux ans après, la même troupe de brigands revint, et on ne put s'en débarrasser, qu'au moyen d'une contribution de vingt mille florins, formant la somme de 135,000 livres.

Enfin, je clôturerai ici la série chronologique des malheurs et des horreurs qui ont affligé la Provence pendant plus de dix siècles, et jusqu'à l'année 1401, époque de la mort du fameux Raymond, vicomte de Turenne, qui, dans la guerre civile de dix ans qu'il fit au pape et à la Provence, par un pur esprit de vengeance, égala et surpassa même en pillages, en crimes, en atrocités de toute espèce, tout ce que les Vandales, les Sarrasins, les Hongrois, les Saxons et toutes les autres bandes du moyen-âge avaient commis, en Provence, se montrant dans son propre pays, à la tête d'une horde incendiaire et dévastatrice, comme l'Attila du 14e siécle. Au reste, sa mort fut digne de sa vie, il se noya misérablement à Arles, dans le Rhône, pour se dérober, par la fuite, aux troupes qui le poursuivaient, sous le commandement de Charles du Maine, frère du roi.

Si après tant de déprédations, le sol de la Provence, a pu produire encore quelques plantes, et voir surgir quelques épis de blé du sein des ruines et des décombres qui le couvraient, on doit reconnaître qu'il porte en lui-même un germe de fécondité bien rare et bien extraordinaire, puisque, dès aujourd'hui, il peut entrer en parallèle, dans notre belle France, avec les régions les plus favorisées en agriculture et en population.

L'esquisse que je viens de tracer, tout en ne nous offrant dans le moyen-âge qu'un long deuil pour l'humanité, nous prouve cependant que le christianisme a dû y être bien vivace, pour avoir, dans les quatre premiers siècles de l'église, résisté et survécu aux persécutions des empereurs romains, tels que Néron, Trajan, Marc-Aurèle, Septime-Sévère, Maximien, Dèce, Valérien, Aurélien et Dioclétien, car Dieu ne fut pas moins violemment attaqué alors par ces princes, que dans la suite par ses plus faibles créatures. On connaît toutes les profanations qui ont souillé ses temples, durant le règne de la convention, qui, dans le transport d'un délire insensé, déclara, tout à la fois, la guerre au ciel et à l'humanité, en fermant tous les temples, en renversant tous les autels au nom de la déesse *Raison*, et remplissant les prisons de suspects, puis mettant l'échaffaud en permanence, tout en proclamant la liberté et la fraternité, accompagnées encore de l'inscription dérisoire placée sur toutes les portes: *Vivre libre ou mourir*, devise si ironique par la première signification, mais malheureusement hélas! que trop réelle par la dernière.

CHAPITRE IX.

Quelques réflexions sur les châteaux-forts bâtis sur des lieux élevés, relativement aux causes qui y ont déterminé leur construction.

On ne peut nullement douter, que les différentes invasions des Barbares, et des bandes spoliatrices qui, dans les siècles suivants, sont venues les imiter, n'aient donné lieu de construire sur de pareils emplacements, des édifices propres à servir tout à la fois d'abri et de défense, aux populations de la campagne. En effet, dans des temps de troubles, des vedettes y étaient jour et nuit en observation, pour donner l'éveil sur l'approche de l'ennemi, et, à un signal connu, la cloche d'alarme sonnait; alors, gens et bêtes avertis couraient se renfermer dans le lieu du réfuge. A une époque plus rapprochée de nous, ces citadelles ont servi à perpétuer les guerres civiles et féodales, lorsqu'il était dans les mœurs du temps, chez les nobles, de se tenir sur les grandes routes pour rançonner les voyageurs, et de déclarer la guerre à leurs voisins, pour s'emparer de leurs dépouilles. C'est du haut de ces donjons, qui au moyen-âge, ont servi de repaire à la féodalité, qu'elle étendait ses mains tyranniques et rapaces, sur des milliers de vassaux, asservis au joug de la glèbe.

Mais, à la vue d'un tableau politique et moral de la Provence si sombre, ne peut-on pas être surpris que l'autorité gouvernementale, quelle qu'en fut la nature, n'ait pas eu en son pouvoir une force publique suffisante, pour réprimer ces accès intermittents et périodiques de brigandage, qui se renouvelèrent si fréquemment? où était alors l'amour de la patrie et de la famille? Quelle terreur paralysait les bras robustes de ces montagnards, accoutumés à combattre et à vaincre les bêtes féroces de leurs forêts! manquaient-ils d'armes! leurs instruments d'agriculture, tels que faulx, tridents et fourches, ne pouvaient-ils pas leur en fournir de redoutables? n'y avait-il plus de pierres, de bois, de cailloux dans leurs champs? pourquoi les populations des contrées menacées et envahies ne se levaient-elles pas en masse contre les spoliateurs! Le nom d'un Sarrasin, d'un Lombard, d'un Suève, d'un Hérule, d'un Alain, d'un Gascon, d'un Tard-Venu ou de tout autre maraudeur isolé ou en compagnie, avait-il le pouvoir d'opérer une espèce de fascination sur les indigènes? Est-ce que le sang Gallo-Romain de leurs pères, autrefois si martial, n'aurait plus coulé dans leurs veines? il faut convenir qu'une apathie qui a fait tendre docilement le cou à tant de victimes sous le fer des égorgeurs, sans présenter aucune défense, est un de ces phénomènes moraux et physiques qu'on ne peut expliquer, et qui appartient à l'esprit du temps, ou à la consternation générale. La stupeur, armée d'une nouvelle tête de Méduse, aurait-elle pétrifié alors toutes les âmes, tous les cœurs, tous les bras? Ne cherchons pas à pénétrer plus loin dans cet abîme de malheurs, et jetons un voile sur une époque aussi lugubre, et qui se représente à notre mémoire avec de si tristes souvenirs[1].

[1] Cependant pour absoudre le moyen-âge de sa moutonnière docilité à se laisser égorger, sans opposer ni résistance ni mutinerie, il faut se reporter à l'époque où le manque d'unité sociale explique l'absence de toute force repressive, et conséquemment l'abattement des esprits, et l'extinction de tout sentiment énergique. C'est ainsi que nous avons vu, durant nos troubles révolutionnaires, la population des grandes villes constamment opprimée par quelques factieux, lorsqu'un seul cri d'alarme et d'insurrection aurait suffi pour abattre leur tyrannie. Rome, sous ses Tibère, ses Néron, ses Caligula, ses Héliogabale, ses Commode, etc., ne nous a-t-elle pas également appris tout ce que le vice, l'audace, le crime peuvent entreprendre, lorsque le pouvoir absolu, dans son délire, aime à se repaître et à s'abreuver de sang humain. Ainsi la ville aux sept collines aurait pu, sous le règne de ses tyrans, en créer une nouvelle avec le seul amoncellement de ses têtes patriciennes; et Rome, qui avait conquis l'univers, subissait, à la vue de son Capitole, si riche en beaux souvenirs, le joug honteux d'une si sanglante ignominie!...

CHAPITRE X.

Aperçu archéologique sur Bormonicum, *ancienne ville gallo-romaine, connue sous le nom de* Telea, *au* 6me *siècle, et sur les ruines de laquelle est bâtie aujourd'hui la petite commune de Sainte-Tulle.*

Dans un sujet tel que celui dont je viens de m'occuper, et qui intéresse d'une manière si particulière le pays qui m'a vu naître, sur le sol duquel tant de choses miraculeuses se sont opérées pour la glorification du christianisme, il y a près de douze siècles, il me semble qu'un coup d'œil d'archéologie profane ne peut former un disparate trop frappant, parce que aux yeux de la foi, il a toujours été reconnu que tout ce que les hommes ont fait de grand pour honorer la religion, et donner plus d'éclat à la science et aux arts, n'est que le fruit d'une inspiration divine, et doit se rapporter à l'auteur d'où émane tout principe d'intelligence supérieure et de haute raison.

Si l'archéologie peut faire encore aujourd'hui une riche moisson dans les ruines qui couvrent la Provence, il faut avouer que les Barbares indigènes, ont pour le moins, autant servi les amateurs d'antiquités pour leur procurer des ruines, que les étrangers. Les bandes dévastatrices du moyen-âge n'étaient-elles pas composées en grande partie de regnicoles? Nul doute que beaucoup de villes et de bourgs, mentionnés dans les anciens itinéraires, n'aient disparu à cette époque de si calamiteuse mémoire, et qu'on n'en puisse plus signaler l'existence, que d'après l'inspection et la recherche de leurs décombres. Les amateurs et les géographes des premiers temps, peuvent bien jusqu'à un certain point, nous servir de guides; mais dans le plus grand nombre des cas, ils nous seront peu utiles. C'est aux fouilles que nous devons aujourd'hui faire un appel; c'est là, que l'histoire du passé est écrite en termes non hiéroglyphiques, et qu'elle apparaît au grand jour, pour l'instruction du présent et de l'avenir.

Pour confirmer cette assertion, je n'ai eu qu'à creuser sur quelques points, les entrailles de ma terre natale, pour exhumer l'ancienne ville gallo-Romaine, désignée par Pline, sous le nom de *Bormonicum*. Cet auteur, dans l'énumération des peuples au nombre de 55, qui composaient la Gaule Narbonaise seconde, place les *Bormoni*, habitants de *Bormonicum*, entre les Cavares, les Aptiens-Vulgiens, les Réiens-Appollinaires, et les Bédeontitiens ou Dignois; il nous en fait connaître l'importance, en leur assignant le n° 29, dans son catalogue chorographique.

La capitale de ce peuple, d'après sa position géographique, a dû être une station romaine, traversée par une voie militaire, servant de communication entre les colonies de Riez et d'Apt, et se trouvant à une égale distance de l'une et de l'autre; aucun lieu de la contrée ne peut présenter un chemin en ligne droite, plus court et plus direct. D'ailleurs, il existe encore à Montfuron, un fragment de voie romaine qui menait directement par Montjustin à l'ancienne *Catuiaca*, aujourd'hui Céreste, où elle se joignait à la grande voie des Alpes Cottiennes, venant de Sisteron à Apt, par Lurs, Forcalquier et Reillanne. Cette dernière petite ville conserve encore, sur diverses parties de son territoire, des traces de la voie romaine, dans la direction du pavillon Isnard, au-dessus de l'ancien couvent de St.-François. Voie qui, passant par les Alpes Cottiennes, venait aboutir à *Apta-Julia*. C'est à Céreste, jadis *Catuiaca*, qu'elle recevait comme affluent, non loin du pont romain, sur la petite rivière d'Aiguebelle, le chemin militaire qui, traversant le Leberon, allait, par Montjustin et Montfuron, joindre en droite ligne, à *Telea*, station romaine, la route qui mettait en communication directe les colonies d'Apt et de Riez. L'ancien monument, connu sous le nom vulgaire de *Tourre d'Embarbo*, placé sur cette route, me paraît avoir été élevé par Domitius Ænobarbus, après sa grande victoire sur les Allobroges et les Auvergnats, et m'autorise à dénommer cette route la voie *Domitia*, dont l'emplacement a été ignoré jusqu'à ce jour des antiquaires, et même de Bergier, ce grand rechercheur de chemins romains. Ces particularités me sont d'autant mieux connues, que c'est à Reillanne, et sous le toit de mon aïeul maternel, que j'ai reçu les premiers éléments de latinité, souvenir qui, quoique se rapportant à de bien longues années, n'en est pas moins toujours présent et cher à mon cœur.

Le voisinage de *Catuiaca*, et la fertilité du territoire de Reillanne[1], arrosé par de belles sources, et traversé par la voie romaine descendant des Alpes Cottiennes, ainsi que son exposition au Midi, n'ont pu qu'y déterminer l'établissement de plusieurs *villa* romaines. Aussi, la tradition veut que la mère de Pompée y soit morte, ou du moins qu'elle y ait vécu, suivant l'inscription : POMPEIA C. F. dont parle Nostradamus. Dans le siècle

[1] Je dois rappeler ici que le labourage a toujours été dans cette commune en grand honneur, y recevant des récompenses qui étaient un sujet permanent d'émulation et d'exercice pratique pour les laboureurs qui aspiraient à être lauréats. Chaque année, dans un concours public de charrues, sous le patronage de la confrérie de St.-Éloi, un prix était accordé, avec une grande solennité, au vainqueur. Ce prix consistait en un simple bassin d'étain fin, d'une valeur modique, mais inappréciable dans l'esprit de la multitude, pour celui qui en était honoré. Cet usage, qui remontait à un temps immémorial, avait eu une influence si marquée sur le perfectionnement de cette branche de l'art agricole, qu'on ne pouvait trouver, dans aucun pays de la Provence, des laboureurs plus habiles. Le talent de ces modernes Cincinnatus, s'y transmettant de génération en génération, comme un véritable héritage de famille, le fils aurait rougi de ne pas ajouter un fleuron à la couronne de son père...

suivant, on y trouva une inscription qui concerne deux frères *Sextum vir* de l'endroit[1], ce qui y suppose un municipe romain, avec droit de bourgeoisie. Dans le moyen-âge, on peut encore juger du rôle que Reillanne a joué, dans les événements du temps, par l'étendue et la solidité de ses remparts, flanqués de quatre tours qui leur servaient de bastions, et dominés par les deux autres belles tours, situées sur la hauteur de Saint-Denis, ce qui présentait un complément de défense bien propre à repousser l'ennemi. Bien plus, quatre portes d'un beau style, en fermaient l'entrée; mais la principale, celle dite des forges, et qui conduit à l'église, se fait remarquer par l'assiette et la grosseur de ses blocs unis sans ciment, ce qui ferait soupçonner le ciseau romain, si l'ogive n'y faisait pas une légère apparition. On ne peut concevoir par quels moyens on est parvenu à achever des travaux de cette importance, mais on juge très-bien, à leur aspect, combien a dû être grand le danger dont on a voulu se garantir, par une construction pour ainsi dire cyclopéenne. Leur origine n'est pas postérieure au quatorzième siècle, mais elle peut remonter beaucoup plus haut. Aux yeux des archéologues, la

[1] C. Coclio
c. lib.
Tertio
C. Coclio c. f. felici
VI vir.
C. Coclius c. f. Faustus
VI. vir. frater. fecit.

démolition du beau clocher de l'ancienne église de St.-Pierre, si bien conservé encore, quoique l'édifice sacré ne présentât plus, depuis long-temps, qu'un amas de ruines, rappellera toujours un acte de vandalisme. C'était là, pour le pays, un monument de son antique origine. Quoiqu'il en soit, ceux qui ont trempé dans cette iniquité, doivent en gémir, car les pierres saintes, destinées à un usage profane, ne cesseront de crier à l'impiété.

Une bulle du pape Grégoire VII, à la date de 1084, fait mention de Reillanne, ainsi que les bulles de Caliste II, de l'an 1123, et d'Innocent III, de l'an 1204, rélatives au monastère de l'ordre de St.-Benoît, dépendant de l'abbaye de Montmajour, établie dans son terroir, au lieu dit *Carlue*, dont les ruines existent encore, et que le vulgaire attribue à un monastère des Templiers. On sait de plus que la reine Jeanne avait honoré cette commune du titre de vicomté en 1378, en faveur de Fouquet d'Agout.

La salubrité de l'air y est telle, que j'y ai vu moi-même trois individus de la même condition (bourgeois), plus que nonagénaires; et il est reconnu que mon bisaïeul, à l'âge de quatre-vingt-dix ans, allait souvent chercher, à pied, des *figues-fleurs*, au marché de Manosque, et retournait les manger à Reillanne, après avoir parcouru, dans la matinée, deux lieues pour aller, et autant pour son retour. Ses deux fils sont morts âgés de plus de quatre-vingt-six ans, ce qui, jusqu'à un certain point, peut être d'un bon augure pour leurs descendants.

Si le temps et les Barbares ont détruit *Bormonicum*, et lui ont fait perdre son nom, destinée commune à bien d'autres villes d'une toute autre importance, faut-il s'étonner que notre bourg, placé sur une route militaire, et plus exposé par là au passage de l'ennemi, n'ait pu échapper au torrent dévastateur? Le voisinage du diocèse d'Apt, qui fut si maltraité dans la première irruption des Vandales, me fait croire que c'est à cette époque que *Bormonicum* a succombé, ou qu'il a entièrement disparu après la chute de l'empire romain, en Provence, en 476. La première opinion me paraît plus probable; et, pour l'établir sur des preuves plus directes, j'invoquerai l'étymologie qui, seule, a pu nous conserver le nom de beaucoup de villes, dont l'existence et le souvenir ne nous sont pas autrement connus. Ainsi le nom de *Bourdesenque*, qui sert à désigner un quartier du terroir de Ste-Tulle, et qui embrasse une partie de la région des tombeaux romains, tombeaux qui occupent une étendue de plus de vingt hectares, non contigus, mais isolés, ne peut se rapporter qu'à *Bormonicum*.

L'étymologie est ici purement littérale, sans aucune application forcée. Le grand nombre de sépultures romaines n'indique-t-il pas que, là où il y a eu beaucoup de morts, il a dû y avoir aussi beaucoup de vivants?

et si ces tombeaux sont tous d'une construction romaine, tels qu'on les rencontre dans une grande partie de la Provence, occupée par le grand peuple, pendant six siècles environ, n'ont-ils pas dû appartenir à la glorieuse nation, conquérante du pays? L'isolement de ces tombeaux, rangés dans un ordre symétrique, et répandus sur une si grande surface de terrain, ne prouve-t-il pas, que ce n'est point après un combat ou une bataille, que ceux qui y ont succombé ont pu y être ensevelis de cette manière, au lieu de l'être dans des fosses communes, comme c'est l'ordinaire, en pareille circonstance? Ce n'est donc, qu'à des hommes stationnaires et qui ont succombé d'après les lois de la nature que ces tombes ont été destinées; et si leurs sépultures sont accompagnées d'accessoires, tels que armes, chaussures ferrées, urnes, poteries et autres ornements funéraires, portant le type romain, ne suis-je pas en droit de conclure, qu'ils gisaient sous les ruines d'une ville romaine, et que le nom moderne et populaire de *Bourdesenque*, n'est que l'altération de l'ancien nom patronimique de *Bormonicum*. On doit être peu étonné que cette dernière ville, comme celle de *Tetea*, n'aient pas été mentionnées dans les itinéraires, quand on voit que des villes, telles qu'Avignon, Tarascon, Briançon, Digne, et surtout Carpentras, où il y a des monuments romains, ainsi que quatorze autres lieux plus ou moins considérables, y ont été omis ou oubliés.

Enfin, si nous voyons dans l'itinéraire d'Antonin, et

surtout dans la table de Peutinger, que la grande voie *Aurelia* se divisait au *forum Voconii*, aujourd'hui le Canet, et donnait un embranchement qui conduisait par *Antea* à Riez, peut-on croire que ce dernier se terminât là, comme dans une impasse, sans mettre en communication directe cette colonie avec celle d'Apt? Pour l'ordinaire, lorsque la situation des lieux ne s'y opposait pas, les chemins militaires, suivaient toujours la ligne droite, pour abréger les distances, principe admis par nos ingénieurs modernes, et qu'ils mettent quelquefois en pratique avec un zèle plus qu'inconsidéré. Telle était sans doute aussi la pensée de Napoléon, lorsqu'il répétait souvent : « je récompenserai magnifiquement celui » qui inventerait quelque chose de plus court que la » ligne droite. » Qui peut donc croire que cette vue stratégique, base si essentielle des opérations militaires, ait pu être méconnue et non adoptée par les Romains, lorsque le héros qui les a si glorieusement imités dans leurs courses victorieuses, en a proclamé les avantages avec tant d'éclat. A cet effet, je dirai que l'inspection des deux itinéraires précités, nous démontrent que la direction de Riez à Apt, par Sainte-Tulle, est une ligne si droite, qu'on la croirait tracée à vol d'oiseau, et conséquemment la plus appropriée à la marche des troupes d'une colonie à l'autre; ainsi que pour leur passage dans la Narbonnaise première, et dans les autres provinces des Gaules, telles que l'Aquitaine, la Celtique et la Belgique; la route des Alpes Cottiennes, devant se trouver pendant six mois, obstruée par la neige et les glaces. A cette démonstration géographique, je dois encore ajouter, en faveur de mon opinion, un nouvel argument tiré de l'étymologie, qui, en fait d'antiquité, lorsqu'il n'y a rien d'écrit, devient un témoignage parlant. En effet, il existe dans l'enceinte même du village de Sainte-Tulle, un espace qui sert de rue et de place, où les enfants du quartier se réunissent pour jouer, et qui s'appelle la *Quintane*. Or, il est bon de savoir, que dans les camps des Romains, il y avait une cinquième porte à gauche, connue sous le nom de *Quintana*. C'était dans l'avenue aboutissant à cette porte que se faisait l'exercice du poteau, qu'on appelait pour cela *Quintana*[1], exercice qui devait se rapporter à l'art de lancer et d'implanter le *pilum* ou javelot dans un pieu. Il y avait donc à *Bormonicum*, ou à *Tetea*, aujourd'hui Sainte-Tulle, un camp romain, dont le nom d'une porte s'est perpétué jusqu'à nous, ce qui nous prouve évidemment que la route militaire de Riez à Apt, passait par là, et non par Manosque, comme l'a avancé M. Henry, dans sa carte des antiquités des Basses-Alpes, sans aucun fondement, car cette ville, dont le terroir, au rapport de Colombi, son historien, n'était habité, avant 700, qu'en six endroits ou hameaux dispersés et isolés dans les champs; et encore qu'en trois parties en 1189, suivant la donation que fit Guigues,

[1] *Les Romains*, par M. Georges Ozaneaux, page 244.

comte de Forcalquier, de Manosque, à l'hôpital de Jérusalem. Sous ce rapport, cette ville, dont la création est très-récente, n'a pas dû conséquemment être connue des Romains, ni présenter comme ruines historiques aux archéologues, au delà du moyen-âge, que la grosse tour du Mont-d'Or dont elle est l'unique monument.

Je dirai encore un mot sur le passage de la Durance, qui, pour les voyageurs et les troupes allant de Riez à Apt, devait s'exécuter facilement à l'extrémité septentrionnale de la plaine de Vinon, à l'avenue de la bastide de Pontoise, tirant droit à Sainte-Tulle, non-seulement par les bacs qui étaient connus des Romains, au rapport de Strabon, mais encore par le moyen des ponts de bateaux, dont les armées romaines traînaient, sur des chars roulants, tous les apprêts, consistant en canots faits d'un seul tronc d'arbre, en chaînes, en cordages et autres accessoires[1].

Toute autre discussion sur cet objet me paraîtrait, d'après ce qui précède, tout à la fois oiseuse et inutile, pour constater, d'une manière irrévocable, l'ancien site de *Bormonicum*.

[1] Strabon, trad. tom. II, pag. 30.

CHAPITRE XI.

Notice historique sur les tombeaux romains nouvellement découverts, qui occupent une grande étendue du territoire de Sainte-Tulle, et sur les médailles qui y ont été aussi récemment trouvées.

Il y a quelques années, qu'un agriculteur nommé Sube, en faisant un effondrement peu profond dans son champ, près le village de Sainte-Tulle, quartier de la Croix, trouva vingt tombeaux romains, rangés sur une ligne droite. Ils étaient formés avec des tuiles à rebords, vulgairement dites Sarrasines, mais qu'on sait aujourd'hui être d'origine romaine, recouverts d'une double voûte, aussi en tuiles de la même forme. Ils renfermaient des ossements humains, et les divers vases funéraires usités chez les anciens. Mais dans un de ces tombeaux, gisait un squelette de haute taille, bien conservé, ayant une hachette en fer, placée au côté droit de la tête; deux larges pendants d'oreille, ronds et en cuivre, l'un fortement altéré par la rouille, et l'autre dans un état parfait de conservation. Enfin, une bouteille en verre blanc qui s'effleurit et tomba en poussière, au premier contact de l'air. Elle était remplie d'une eau limpide, que je crois n'avoir été que de l'eau de pluie.

La hache et les pendants d'oreille sont en ma possession, depuis plusieurs années, et je les ai présentés dans le temps à l'Académie de Marseille. La hache était-elle ici, une arme de guerre, ou bien l'attribut d'une haute dignité, comme celle d'un proconsul, d'un tribun ou d'un préteur? C'est aux archéologues à prononcer. Le *sub ascia dicavit*, inscrit sur tant de tombeaux anciens, aurait-il ici quelque application?

Désirant moi-même procéder en personne, à des nouvelles investigations, le 15 octobre 1840, jour à jamais mémorable, où les cendres de Napoléon furent extraites de l'île Sainte-Hélène, pour être transportées à Paris, j'entrepris mes fouilles, tout au voisinage du champ qui avait fourni les vingt tombeaux dont je viens de parler; et, dans moins d'une heure de travail et de recherches, faites à tout hasard, je parvins à en découvrir un, gisant à peine à vingt-cinq centimètres de profondeur. Celui-ci était composé de onze tuiles, à grands rebords : trois formant le lit du sépulcre; trois dressées de chaque côté, et une élevée à chaque extrémité de la tête et des pieds. N'étant pas recouvert d'une voûte, je le trouvai rempli de terre. En enlevant peu à peu cette terre, qui avait acquis une dureté d'acier, j'eus la satisfaction de découvrir la tête d'un squelette, et insensiblement tous les autres os. Jugeant impossible de pouvoir extraire, sans les briser, ces os incrustés dans une terre devenue elle-même pour ainsi dire pierre, je fis enlever successivement les trois tuiles de chaque côté du sépulcre, puis les trois sur lesquelles reposait le squelette, et je pus ainsi les faire transporter, sans les voir détériorer, chacun supportant une partie principale de cet ossuaire, qui fut reconnu être celui d'un jeune homme, qui était mort avant d'avoir poussé la dent de sagesse, et dont la denture conservait encore tout son émail et sa fraîcheur.

Le 24 du même mois, je fis fouiller de nouveau le même champ, et, après quelques heures de travail, je découvris un nouveau tombeau, entièrement semblable au premier. Mais, ici, le squelette m'offrit des os d'une épaisseur considérable, et qui n'ont pu appartenir, d'après leur volume, leur dureté et leur structure, qu'à un vieillard, ce qui se reconnaissait facilement encore à l'usure des dents et à la perte de plusieurs. La main droite reposait sur une petite urne renversée et inclinée du midi au nord, ne contenant que de la terre durcie. Les deux squelettes avaient la même direction, la tête tournée du midi au nord. La plante du pied gauche, dont les os étaient encore dans leur ordre naturel, m'offrit à son sommet, quelques clous en fer, à tête large et à pointe courte, tels que les portent aujourd'hui à leur chaussure les habitants de nos campagnes[1]. Ces

[1] Pour être convaincu que les soldats romains portaient des chaussures ferrées, on n'a qu'à lire le passage de Juvénal, Sat. liv. III, vers 248 : *Calcor, et in digito clavus mihi militis hæret.* Je sens empreinte sur mon orteil, la chaussure ferrée d'un soldat.

clous, que je conserve avec soin, furent recueillis en très-grand nombre, à la région du talon. A la hauteur du mollet de la jambe droite, je découvris quelques filaments de soie, couleur nacarat. Était-ce un reste des cordons attachés à la chaussure, ou les débris d'un suaire? ce qui, dans ce dernier cas, n'aurait pu appartenir à un homme du commun. Malgré toutes mes recherches, je ne pus trouver aucune médaille; j'espère être plus heureux dans de nouvelles fouilles.

Une particularité qui m'a vivement frappé, c'est la petite taille de ces deux squelettes; ils ne m'ont présenté que la longueur d'un mètre vingt-cinq centimètres, en y comprenant l'épaisseur des tuiles posées aux deux extrémités, ce qui semble prouver que les Romains, unis par les liens du sang aux Ibères-Provençaux, étaient d'une très-petite taille. Le sang ibérien, aurait-il conservé, dans la génération nouvelle, sa primitive prédominance, dans la stature du corps? Ceci pourrait nous conduire à quelques observations physiologiques sur le mélange des races, et les altérations physiques et organiques qu'elles peuvent subir dans les différents climats, si des découvertes postérieures et multipliées me présentaient encore le même phénomène, sous le rapport d'une si petite taille.

On lit de plus dans les antiquités romaines, par Adam, que la chaussure des soldats romains, appelée *caliga*, était garnie de clous (*clavis suffixæ*), et était en peau préparée; 7e édit. 1818.

J'ai commencé à établir dans ma maison à Sainte-Tulle, avec ces deux squelettes entourés de leurs tuiles sépulcrales, une espèce de musée romain, que j'espère augmenter par de nouvelles fouilles, ou par le produit des exploitations rurales ordinaires, produits qu'on m'a dit avoir été très-abondants, mais qui ont été détruits ou perdus, parce que avant mes recherches, on y attachait aucun prix ; car je puis le dire, sans pouvoir être contredit, aucun lieu du voisinage n'offre tant de tombeaux antiques que le territoire de Sainte-Tulle : nouvelle démonstration du long séjour que les Romains y ont fait, et de l'attachement qu'ils portaient à son sol, puisqu'ils ont voulu y prolonger en quelque sorte leur existence, en lui confiant leurs dépouilles mortelles.

Mais, de quelque autorité que puissent être en général ces nombreuses ruines sépulcrales, pour constater l'existance de l'ancienne ville gallo-romaine, dont je poursuis avec tant d'ardeur l'exhumation, quelques esprits prévenus ou inquiets auraient pu néanmoins me dire : il vous manque jusqu'à présent, l'appui de la numismatique science, devenue aujourd'hui indispensable à l'archéologie, pour l'exacte appréciation des monuments antiques. C'est sur l'énoncé de cette observation que je pouvais un moment me trouver embarrassé, non découragé dans mes recherches, que la découverte récente d'un grand nombre de médailles romaines, tout incrustées du brillant éclat de leur patine antique, est venue combler mes désirs, et confirmer mon opinion archéologique, en me fournissant les rares et précieux documents d'une véritable histoire souterraine, ensevelie depuis tant de siècles, et qu'un heureux hasard, vient de mettre au grand jour[1]. Qui pourrait douter aujourd'hui de l'existance d'une station ou gîte romains, là où l'on trouve en abondance, la monnaie usuelle, commerciale et de consécration du grand peuple! qui a pu la transporter et la répandre si loin des atteliers monétaires de Rome, si non une population ambulente et sédentaire! Serait-ce dans un pays sauvage ou agreste, loin des itinéraires, et hors de toute communication,

[1] Nul doute, que depuis long-temps, un grand nombre de médailles n'aient été trouvées dans le terroir de Sainte-Tulle, mais le peu d'intérêt archéologique attaché à leur découverte par le vulgaire, nous explique pourquoi elles n'ont pas été conservées. C'est au zèle éclairé de M. le Recteur de la paroisse, M. Bellier, que j'en dois la première colléction; le jeune Pellegrin, Joséph Alamelle et Dominique Hode doivent aussi être mentionnés honorablement, ce qui ne pourra que leur donner, par la suite, des imitateurs. Là premier a recueilli, dans sa terre des *Entes*, la médaille de Licinius, qui, fils d'un paysan du Danube, parvint par son mérite à l'empire; il épousa, en 313, la sœur de Constantin; lui déclara ensuite la guerre, et fut vaincu quelquefois; comme il conspirait toujours contre Constantin, celui-ci le fit étrangler en 324, à Thessalonique où il l'avait relégué. Joseph Alamelle, en piochant dans sa terre de *Clastre*, a trouvé une médaille en argent qu'on croit Sarrasine, ou du moins du moyen-âge, et me l'a offerte généreusement. Enfin, Hode a complété cette riche trouvaille, par la récolte qu'il a faite de onze médailles, dans son verger, près le *Chemin sour*. J'invite enfin tous mes compatriotes qui pourront avoir de pareilles aubaines, à les conserver religieusement, pour l'honneur de leur patrie.

que l'on aurait pu découvrir ou rencontrer un si grand nombre d'Auguste, d'Adrien, de Marc Aurèle, d'Antonius, de Faustine, d'Alexandre Sévère, de Lucius Vérus, de Lucinius, etc., etc.

Il est facile de juger, d'après l'apparition de tant d'illustres personnages, combien a dû être fréquent l'abord ou le passage des empereurs, généraux, gouverneurs, consuls, proconsuls, préteurs, qui, en se rendant dans les Gaules, en Espagne, en Germanie ou sur les bords du Rhin, ont nécessairement suivi la route directe tracée de la colonie de Riez à celle d'Apt, par *Bormonicum* ou *Telea*, deuxième station de la voie Domitienne, servant de point de ralliement stratégique, entre ces deux contrées. Auguste ayant visité deux fois les Gaules, n'est-il pas vraisemblable qu'il a dû honorer de sa présence, sa belle colonie de Riez; et se diriger ensuite sur celle d'Apt, où le centre des Gaules lui était ouvert, ainsi que Lyon, devenue alors, pour ainsi dire, une seconde Rome, et où le peuple lui avait élevé des autels, comme à un souverain pacificateur de l'empire. Serait-ce Antonin, dont les parents étaient originaires de Nîmes, et qui en avaient conservé un si doux souvenir, ou Adrien, qui avait si bien décoré et embelli cette ville, en l'honneur de Plotine, à laquelle il devait l'empire, et qui, chaque année, en visitait toutes les provinces qui auraient pu prendre une autre direction, que la route militaire la plus courte, établie de Rome à ses possessions d'Occident. Je dis plus, si un ancien pays, découvert nouvellement, abondait en médailles et tombeaux grecs, serait-on autorisé à conclure que les Mèdes et les Perses ont habité cette contrée ? Si enfin, les temples, les arcs-de-triomphe, les thermes, les obélisques, les cirques, les amphithéâtres et les gigantesques travaux d'utilité publique, connus sous le nom d'aqueducs, où leurs immenses ruines servent à constater, dans les trois principales parties de l'ancien monde, les conquêtes et les possessions lointaines de l'empire romain, pourquoi refuserait-on, à des monuments tels que les médailles, bien plus durables, quelque soit le métal dont elles sont frappées, que la pierre, le marbre et le granit, le droit de constater à leur tour, le séjour ou le passage fréquent des vainqueurs du monde, sur une terre qui offre de si glorieuses ruines, et d'où les aigles romaines ont pris si souvent leur vol audacieux, vers des régions inconnues, pour voler à de nouvelles conquêtes. Souvenirs qui immortalisent autant ceux qui en furent l'objet, que ceux qui les rappellent!!!

CHAPITRE XII.

Description topographique de la commune de Sainte-Tulle, en 1842. — Population et caractère de ses habitants. — Production de son sol, son agrandissement depuis la Révolution, par le partage des îles du bord de la Durance. — Industrie agricole et séricicole.

Si jamais une position géographique et territoriale, a pu présenter des chances à la vie agricole et casanière, c'est le site pittoresque qu'occupe la commune ou bourg de Sainte-Tulle, bâtie à mi-côte, sur la rive gauche du ruisseau de Chafère, qui, depuis le commencement des siècles, s'est ouvert un passage entre deux collines, dont celle du nord, couverte d'une forêt d'oliviers, avant le redoutable hiver de 1820, est connue encore aujourd'hui, malgré son aridité et le dépouillement de son ancienne et riche parure, qui lui avait donné son nom, sous celui de *Côte-Belle*, et celle qui, courant du nord au sud-ouest, dite la *Runade*, paraît avoir été le mont Mars des Romains, et le mont des Martyrs des chrétiens. C'est cette ouverture du ruisseau torrentiel, entre les deux collines, qui, donnant un libre passage au vent du nord, venant des monts Leberon et Ventoux, est devenu, pour Sainte-Tulle, d'après sa position, et une hauteur de près de 370 mètres au-dessus du niveau de la mer, un élément permanent de salubrité, ce qui n'aurait pu avoir lieu dans la plaine, à cause des effluves des marais de Corbière, Negrel et même Vinon, qui peuvent, dans certains cas, faire sentir leur maligne influence, quoique à une distance de quelques lieues.

On ne peut méconnaître, que l'emplacement du village, disposé en amphithéâtre, et sur un carré long, n'ait été choisi d'après les règles de l'hygiène, par une inspiration naturelle. Son exposition au midi ouvre à l'œil un vaste horison, et les côteaux les plus riants apparaissent au lointain, sur la rive gauche de la Durance, en offrant un site champêtre et boisé, non inférieur, jusqu'à un certain point, à ceux de Meudon et de Saint-Cloud. Rien de confortable manque à son intérieur; rues assez bien percées, quelques maisons régulièrement bâties, les anciennes réparées, beaucoup de nouvelles construites, ayant une une vue des plus agréables, sur une ceinture de jardins, qui entoure la partie Sud du village, et arrosés par trois fontaines qui coulent sur tout autant de places bien ombragées, et y versent des eaux aussi abondantes que salubres. On y admire les deux beaux ormeaux de la place Robert, qui, quoique datant de 1739, sont encore dans toute leur vigueur; et c'est sous leur épais feuillage, que se donnaient les bals d'été si usités en Provence, chez le peuple, et qui furent autrefois la passion dominante de celui de Sainte-Tulle. L'esprit de la jeunesse paraît aujourd'hui avoir changé à cet égard ; j'ignore si les cafés, les cabarets, les promenades champêtres, qui ont remplacé les danses qui avaient lieu sur la place, seront plus utiles aux mœurs que les anciens amusements gymnastiques, exécutés en plein air, et auxquels la décence présidait toujours.

Mais pourrais-je oublier de faire ici mention du coup-d'œil enchanteur dont on jouit, des fenêtres des deux maisons des deux chevaliers Robert ; de celles de la commune et du presbytère, en plongeant sur la terre du Jonquier, qui, grâces aux belles eaux qui viennent d'y être découvertes, doit bientôt s'émailler de prairies et de jardins. Que dire du ravissant bosquet de ces jeunes mûriers, qui, nouvellement plantés, en 1835, se montrent déjà les rivaux de leurs frères aînés de 1610, et concourent à donner au village, une entrée pittoresque et toute séricicole. Mais c'est à l'Isclon que j'appellerai volontiers mes délices ; espèce de jardin anglais, ou plutôt véritable labyrinthe, où les promeneurs novices auraient souvent besoin, pour en sortir, du fil d'une nouvelle Ariane, et où se dessinent en panorama, l'ombre et les couleurs de ce riant tableau. C'est là où se trouvent des milliers d'arbustes, osiers, saules, aunes, peupliers et trembles que le moindre zéphir agite et fait balancer avec un doux frémissement dans leurs rameaux. C'est là où l'on voit un vert gazon, barriolé de plusieurs centaines de genêts, dont les fleurs odoriférentes et couleur d'or, embaument l'air de leur agréable et suave parfum, qui se répand très au loin. C'est là que les musiciens ailés du printemps, viennent chaque année, établir leurs concerts harmonieux. Les bécasses même et autres oiseaux de passage ne dédaignent pas de s'y reposer de leurs premières fatigues, avant d'entreprendre leurs voyages d'outre-mer. Pour les esprits non prévenus, il sera toujours vrai de dire, qu'un voyageur consumé par les feux embrasés du désert, ne pourrait jamais désirer un oasis plus agréable, lui offrant tout à la fois le moyen d'étancher sa soif à l'eau cristaline du ruisseau qui, en serpentant, arrose et entretient la fraîcheur de ce bosquet, et de pouvoir y sommeiller sous un berceau de verdure, impénétrable aux rayons du soleil.

Population. Le recensement fait en juillet 1841, a donné un effectif de 1081 individus de tout âge, de tout sexe, savoir : hommes mariés, 250 ; femmes mariées, 240 ; veufs, 20 ; veuves, 50 ; garçons, 260, filles, 210 ; femmes mariées, de tout âge et en santé, n'ayant pas d'enfants, 22 ; on ne sait à quoi attribuer cette stérilité. Il est à remarquer, que le tableau décennal de 1803 à 1813, temps qui correspond aux plus grandes guerres de Napoléon, en Allemagne, a présenté 354 naissances, 337 décès, et 83 mariages ; nombre de naissances et de mariages à *maxima*, qui ne s'est plus montré dans les autres états décennaux qui ont suivi le premier. Depuis 1836, vingt ménages ont quitté le pays, pour aller s'établir à Marseille ou dans les environs, ce qu'on peut attribuer : 1° à la mortalité générale des oliviers qui eut lieu dans le mémorable hiver de 1820; qui s'est renouvelée en 1830, et depuis lors dans presque tous les hivers suivants pour les rejetons; 2° à l'appel journalier que l'industrie marseillaise fait aux cultivateurs, ce qui doit amener progressivement une dépopulation plus ou moins considérable dans les campagnes, en proportion de l'accroissement prévu de cette grande ville, par l'influence future de son canal et de son chemin de fer.

Caractère des habitants. Ils sont vifs, bouillants, emportés, colères, laborieux, infatigables dans leurs travaux agricoles, généralement justes, probes et économes; ayant l'esprit peu processif. Ils sont tous propriétaires, de père en fils, excepté quelques étrangers. Ils cultivent leurs champs avec beaucoup d'intelligence; ils connaissent tous les avantages des assolements, et ils les pratiquent. Le morcellement des propriétés nécessite la culture avec la bèche et le louchet. La charrue n'est employée que dans les grandes propriétés, mais avec les instruments perfectionnés du jour. La petite charrue romaine qui y a acquis, de temps immémorial, le droit de l'indigénat, est destinée à faire les semences; les céréales n'exigeant pas un sillon profond.

Constitution physique. Taille moyenne, membres bien proportionnés et musculeux, teint brun, yeux noirs, tempéramment sanguin-nerveux, agilité et prestesse dans les mouvements, endurcis à la fatigue, et forces physiques promptement réparées par le sommeil le plus court et par une nourriture abondante.

Foire, jeux et prix gymnastiques. Une foire légalement autorisée, a été établie à Sainte-Tulle depuis 1790. Elle figure dans l'annonce des foires de la Provence. Sa tenue, fixée au 1er septembre, est très-propice aux agriculteurs, pour s'approvisionner en blés de semence, récoltés dans notre plaine, et très-recherchés par les fermiers des environs, vu leur excellente qualité et leur heureux acclimatement dans les terres qui leur sont destinées. Cette foire, par sa spécialité, paraît devoir acquérir une très-grande importance, et cela avec d'autant plus de raison, que le mouvement commercial qui s'y exerce, ne consiste point en un échange de matières étrangères, mais seulement en un produit du cru. Parmi les autres ventes qui ont lieu, on doit compter celle des bêtes ovines ou à laine, et surtout celle des jeunes porcs, dont le part et l'élève sont une industrie nouvelle pour le pays, et donnent un riche produit à ceux qui s'en occupent, indépendemment des engrais qu'ils en obtiennent.

Nul doute que cette foire ne prît de jour en jour, un accroissement considérable, si les jeux gymnastiques qui ont eu lieu; jusqu'ici, les jours des fêtes patronales de saint Blaise et de sainte Tulle, étaient reportés au 1er septembre, jour de la foire. L'affluence des étrangers et des curieux ne pourrait qu'ajouter une grande animation à la fête, car on sait qu'en Provence, la tradition et l'usage ont conservé les exercices gymnastiques des anciens romains, tels que luttes, sauts, courses et autres jeux palestres, d'où dérive, selon moi, les noms de *romérage, roumavagi*, synonymes des exercices de l'âge au temps des Romains, un des souvenirs les plus populaires de leur longue occupation, et un des plus agréables et des plus doux que les vainqueurs aient pu laisser aux vaincus.

Je pense enfin, qu'un léger sacrifice pécuniaire de la commune, ou d'un généreux et bienveillant citoyen, consacré à des prix gymnastiques, distribués le jour de la foire, serait tout à la fois un acte de bonne administration, ou un brevet de popularité pour le donateur, dont le nom vénéré se rattacherait d'âge en âge, sous l'aile de la reconnaissance, au souvenir de l'établissement parmi nous, d'une création pour ainsi dire olympique.

Statistique médicale. Elle ne présente rien de particulier. Le climat en général est sain ; on n'y voit que les maladies ordinaires aux différents âges et aux différentes conditions; cependant on y observe au mois de mars, un assez grand nombre de pleurésies et péripneumonies; il y a de temps en temps, quelques exemples de longévité. Sous le rapport psychologique, l'influence de l'air et d'autres causes physiques inconnues, y est très-manifeste sur le développement des facultés intellectuelles, lorsqu'elles ont été cultivées de bonne heure, avec soin et par des études sérieuses, ce qui prouverait aux yeux d'un Athénien moderne, qu'on ne respire pas à Sainte-Tulle, l'air de Béotie.

L'esprit patriotique a toujours animé la classe éclairée des habitants de Sainte-Tulle, ce qui est constaté par les différentes transactions passées entre cette commune, et ses anciens seigneurs, dans lesquelles elle a toujours fait reconnaître et confirmer ses droits et ses privilèges, nonobstant les prétentions de ces derniers, toujours si exigeants et si intraitables, toutes les fois qu'il pouvait s'agir de féodalité. C'est avec les mêmes élans de patriotisme, que la commune de Sainte-Tulle a soutenu contre Manosque, une lutte qui s'est prolongée, où du moins renouvelée sous les règnes de Louis XII, de François I et de Louis XIII, au sujet du chemin au-dessous du *Tor*, qui, en abrégeant d'une lieue le trajet de Sainte-Tulle à Volx, écartait les voyageurs de Manosque. Les consuls de cette dernière ville, ayant porté leurs doléances à Louis XII, au rapport de Colombi, ce monarque ordonna que le chemin du *Tor* serait fermé, et que celui plus ancien, par Manosque, serait rétabli. François I confirma l'édit de son prédécesseur, mais les habitants de Sisteron et de Sainte-Tulle, ayant remis le chemin du *Tor* en activité, l'affaire fut vivement débattue devant le roi Louis XIII, qui condamna et soumit les habitants de ces deux pays, à des peines graves dans le cas où ils y *reviendraient*. J'ai lu moi-même, un édit royal, inscrit sur un grand pilier carré, en pierre de taille, posé au-dessous des *Bastides blanches*, sur le chemin interdit, pilier que dans le temps de la révolution, le sieur Pourcin a démoli, pour s'en approprier les pierres, et dont on voit encore la base. Quoique je ne puisse me rappeler la date précise de cet édit, je pense qu'il est antérieur à 1610, époque où la grande route d'Aix à Sisteron déviée, vint traverser le village de Sainte-Tulle, pour se diriger en ligne droite sur Manosque, et n'en fut détournée qu'en 1720, à cause de la peste qui désola cette première commune, qui avait joui ainsi des avantages de la grande route, pendant environ cent trente ans. On y voit encore quelques enseignes d'anciennes auberges. C'est pour vaincre la résistance que le Seigneur, qui possédait l'auberge de Sadon sur la vieille route, opposait à son changement, que la commune lui fit bâtir, pour le dédommager, l'édifice connu sous le nom de Grand-Logis, édifice qui, malgré sa vaste étendue, ne coûta que 2,000 livres, somme bien minime, si on la compare au prix de nos constructions modernes.

Territoire. Il offre deux divisions remarquables, formant le coteau et la plaine, opérées par la colline de Poudaigue, qui n'est qu'un composé de caillous roulés de la Durance, agglutinés par un ciment devenu pierre lui-même, et connue sous le nom de *Tor*, s'étendant depuis le territoire de Volx et Manosque, jusqu'au village de Corbières, dans l'espace de six kilomètres environ. Cette conformation y change la température et la nature du terrain; pierreux et graveleux au coteau, argilo-siliceux à la plaine. Cette inégalité topographique nous indique déjà une différence dans la culture et dans les produits. Aussi la partie du coteau a toujours été consacrée aux oliviers qui, trouvant un terrain et une exposition propices, donnaient avant leur mortalité, une huile de première qualité. On peut en dire autant des vignes qui y sont cultivées, surtout celles des quartiers de Saint-Pierre, Saint-Lazare, Piedtourouse et de la Burlière, dont le vin préparé avec soin, peut être regardé comme un des meilleurs vins de Provence, et auxquels les gourmets et les dégustateurs patentés ne sauraient refuser, dans un véritable esprit bachique, leurs joyeuses libations.

La plaine est principalement destinée aux céréales, aux prairies et à la culture des pommes de terre. Les vignes y abondent encore; elles produisent plus que celles du coteau, mais le vin en est d'une qualité inférieure, excepté celui du quartier des Rochettes, qui, à cause de la nature du terrain, et de son exposition, se rapproche du vin de coteau. Autrefois, les vins cuits, les clarettes et les vins muscats de Sainte-Tulle, étaient en grande réputation et très-recherchés par les Hauts-Alpins. Serait-ce le goût des liqueurs spiritueuses, devenu plus général dans les campagnes depuis la révolution, par le retour des soldats congédiés, qui aurait opéré ce changement dans les buvettes populaires ?

Le partage des biens communaux, d'après la loi de 1790, a beaucoup agrandi l'étendue des terres arables. Ils consistaient en 150 hectares d'alluvions formés par les dépôts de la Durance et dont 1/5 d'hectare a été donné à chaque chef de famille. A cette époque, plus de cent mille chênes blancs de la plus grande beauté et dans toute la vigueur d'une végétation luxuriante, y formaient une vaste forêt, tant dans la partie à défricher, que dans la partie restante des îles, conservées pour servir de barrière aux inondations de la Durance, auxquelles était primitivement dû le transport des glands qui, en moins de cinquante ans, avaient donné lieu à un si beau produit forestier. La hache révolutionnaire et l'imprévoyance ont tout détruit.

Il serait possible de gagner encore 120 hectares de gravier qui pourraient un jour être livrées à la culture, au moyen d'un endiguement, à la confection duquel chaque habitant contribuerait, et qui, dans quelques années, donnerait un nouveau terrain à partager. Voilà un projet d'utilité publique que l'administration locale doit méditer, et ne pas en laisser l'exécution à ceux qui sont en instance auprès du gouvernement, pour le réaliser, comme de raison, à leur profit, et au détriment de la commune.

La statistique des pâturages donne en prairies arrosables naturelles, hectares, 60; prairies artificielles, 300; terres vaines, vagues non boisées, 350; jachères, 360. La statistique des terres ensemencées en céréales donne savoir : en froment, 400 hectares; en seigle, 25 hect.; orge, 20 hect.; avoine, 70 hect.; légumes secs, 40 hect.; menus grains, 45 hect.; pommes de terre, 100 hect., ce qui forme un total de 600 hectares. Le produit des céréales, dépendant de la nature du terrain, des engrais, du mode de culture et de l'influence des saisons, varie chaque année, et ne peut être apprécié que d'une manière inexacte; mais en général le produit du froment est, terme moyen, de 5 à six pour un de la semence. Je ne dois pas oublier de dire que les pommes de terre, cultivées dans les îles défrichées, y donnent 70 hectolitres par hectare, la terre d'alluvion favorisant beaucoup la croissance et la multiplication de ce tubercule.

De temps immémorial, et d'après différentes transactions passées entre les seigneurs et la commune de Sainte-Tulle, les habitants ont eu toujours la faculté d'arroser leurs prairies, situées au-dessous du canal du moulin, et quelques parcelles destinées à la culture des légumes verts. Ce serait en vain que les acquéreurs de ce moulin tenteraient de s'opposer à l'exercice de cette faculté, devenue imprescriptible, par le droit et par le fait. C'est une servitude imposée au moulin, tant qu'il aura sa destination première, qui pèse sur ses nouveaux acquéreurs de tout le poids de l'axiome. *Res transit cum onere.*

On voit encore une preuve démonstrative de cette servitude, imposée au moulin et à ses acquéreurs ou possesseurs anciens et présents, dans la délibération du conseil de la commune, tenu le 30 juin 1720, dans lequel : « les consuls représentent que l'eau, ayant » manqué au moulin à blé plusieurs fois de cette année, » et manquant encore aujourd'hui depuis plus de douze » jours sans espérance d'y en avoir de long-temps, » d'autant qu'on ne donne aucun soin pour en faire » venir, et les prés ayant déjà souffert beaucoup par » le manque d'eau, faute d'avoir été arrosés dans le » temps, et les propriétaires d'iceux, appréhendant » d'être privés de leurs seconds foins, leur on dit qu'il » fallait se pourvoir, ainsi que de droit, pour remédier » à un pareil mal, contre Monseigneur le marquis de » Tourvès, seigneur de ce dit lieu, qui se trouve obli- » gé, par la transaction passée en 1647, entre feu » Alphonse d'Oraison, pour lors seigneur de ce dit lieu, » et la communauté, de tenir ordinairement un mou- » lin et demi d'eau, et de donner l'arrosage des dits » prés, de ladite eau, depuis chaque samedi à six heu- » res du matin, jusqu'à midi de chaque jour de diman- » che, et en même temps pour le faire déclarer res- » ponsable de tous les dommages-intérêts soufferts et » à souffrir, suivant la liquidation d'experts convenus

» ou nommés d'office, sur quoi ils requièrent le con-
» seil à délibérer.

» Le conseil a donné pouvoir au sieur Gaspard » Alpheran, premier consul, de faire tout ce qui sera » nécessaire pour tout ce que dessus, au nom de la » communauté, et pour cet objet se porter à Aix si » besoin est... » M. le marquis de Tourves, n'ayant pas donné satisfaction à la requête verbale de M. Alpheran, qui s'était rendu à Aix, le 7 juillet, le même conseil délibéra de donner pouvoir à M. Pourcin, procureur de la communauté à Aix, de poursuivre le dit seigneur, par toutes les *voies dues et raisonnables*. La peste étant survenue bientôt après, l'on ignore ce que devint cette affaire. Au reste, le droit des habitants pour l'arrosage de leurs prés, remonte à une époque bien antérieure. Ainsi, par une transaction passée le 14 janvier 1560, entre Gaspard de Glandevès, seigneur de Sainte-Tulle et la commune, il est dit : « Les habitants du dit lieu » prendront l'eau du moulin pour arroser leur prés, » jardins et cheneviers, pendant deux jours et deux » nuits de chaque semaine, depuis cinq heures de » vesper, le jeudi, jusqu'au samedi, après la semblable » heure de vesper. »

Par une autre transaction du 12 mai 1614, entre François Foresta et la commune, ledit seigneur « permet » aux habitants et taillables de conduire l'eau du ruis- » seau, pour l'arrosage de leurs prés, par tel endroit

» de ses terres que bon lui semblera de donner pour le » passage de la dite eau, pouvant la prendre à la ré- » cluse qui est dans le dit ruisseau, sur le logis du » seigneur dit de Sadon, proche son pré appelé le » Pradon. »

Il n'est pas inutile d'observer ici, que le voisinage de la Durance, par ses brouillards, nuit souvent à la *grdnaison* des céréales, surtout lorsque les épis sont frappés par les rayons du soleil, étant encore mouillés par la rosée, désastre qu'on pourrait prévenir, si le matin avant le lever du soleil, on les secouait par le moyen d'un cordeau dont deux personnes tiendraient chacune un bout, et qu'elles promèneraient sur les épis, en leur communiquant une espèce d'ondulation qui les dessécherait à l'instant, et les mettrait à l'abri de tout danger.

Le défaut de bois et de collines propres à la dépaissance des troupeaux, rend les engrais très-rares et très-difficiles à obtenir, ce qui ne peut que nuire à l'amandement des terres, et conséquemment à la prospérité agricole, défaut irrémédiable, puisqu'il est attaché au peu d'étendue du terroir, et à la nature de son sol, où l'on ne peut multiplier les prairies naturelles et artificielles, attendu que les premières ne peuvent être arrosées qu'avec l'eau de la Durance, qui, étant une eau de neige presque toujours bourbeuse froide et niteuse, nuit évidemment à la végétation des plantes fourragères, en bouchant leurs pores. Dans un pareil état de choses, ces prairies exigent de fortes fumures et consomment une grande quantité d'engrais, dont les terres destinées aux céréales sont nécessairement privées. Ainsi amaigries, ces dernières deviennent impropres à supporter les assolements, cet heureux et bienfaisant progrès de l'agriculture moderne. Quant aux prairies artificielles, l'extrême sécheresse qui règne en Provence, pendant l'été, où il ne tombe pas quelquefois une seule goutte d'eau dans l'espace de quatre à cinq mois, on n'en peut attendre que de faibles produits, ce qui en fait négliger plus ou moins la culture. Cependant sans fourrages abondants, l'élève des bestiaux manque ou du moins souffre et languit beaucoup. Dans cet état, on ne peut avoir que peu d'engrais, et sans engrais, que de récoltes médiocres. Ainsi, nous lisons dans Pline, que dans les trois siècles qui ont précédé l'ère vulgaire, les deux tiers des terres en Italie, consistant en pâturages, les bestiaux y étaient si nombreux et si multipliés, qu'ils devinrent le signe représentatif de l'argent, puisque le dernier était désigné sous le nom de *pecunia*, qui est certainement dérivé du mot *pecus* troupeau, parce que les premières monnaies portaient l'empreinte d'une tête de bétail. Le même auteur nous assure que, vu l'abondance des engrais, le rendement pour les semences était alors de quinze à vingt pour un, et suffisait amplement à l'alimentation de la Péninsule; tandis qu'un siècle après, au rapport de Columelle, ce produit ne fut plus que de trois à quatre, la diminution des fourrages ayant amené celle des bestiaux, et conséquemment celle des engrais, d'où il dût s'ensuivre une disette de céréales, telle que le blé d'Afrique fut appelé au secours de la subsistance de l'empire. Enfin, je dirai que c'est sans doute dans un esprit qui ressort du passage de Pline, cité ci-dessus, que nous voyons l'Angleterre, où l'agriculture est si florissante, consacrer les deux tiers de ses terres arables aux plantes fourragères, ce qui l'enrichit, sous le double rapport de la vente de ses bestiaux destinés aux boucheries, et de la production des engrais, exemple qui devrait être suivi en général pour l'exploitation de tous les grands domaines, d'après des vues d'amélioration progressive, conformes et à la théorie éclairée du jour, et aux heureux résultats de l'expérience pratique[1].

[1] S'il est vrai de dire que la nécessité est la mère de l'industrie et des inventions, c'est surtout aux habitants de Sainte-Tulle, qu'il faut appliquer cet axiome, pour ce qui concerne le moyen ingénieux employé par eux, pour se procurer du fumier. Manquant de matériaux usuels et nécessaires pour la fabrication des engrais, ils y suppléent en mêlant de la terre à la litière de leurs bestiaux, tels que chevaux, mulets, bœufs, moutons, porcs, etc. Le mélange crée un véritable humus, et conserve tous les sels fécondants de l'urine, qui, pour l'ordinaire, sont perdus. Cette pratique est devenue la sauvegarde du pays. Pour en connaître tous les avantages, voir le Mémoire inséré dans un des derniers numéros des *Annales provençales d'agriculture*, publié par mon neveu J.-B. Robert, médecin et archiviste du comice agricole de Marseille. Si cette méthode si simple se généralise, l'agriculture en France aura fait

Mais avant de clore ce chapitre, je dois citer ici un fait historique dont l'agriculture peut profiter. Le 8 juin 1786, une grêle insolite qui frappa la commune de Sainte-Tulle, ne laissa, à la veille de la moisson, aucun épi debout, ni aucun bourgeon de vigne. Toute récolte céréale fut entièrement perdue, mais celle des olives fut des plus abondantes, ce qu'on doit attribuer à la meurtrissure des branches et rameaux des arbres, qui, étant en fleurs, contribua ainsi à les faire nouer. Cette pratique est connue des jardiniers et de quelques agriculteurs qui, lorsqu'ils ont des arbres très-féconds en fleurs et peu en fruits, s'opposent, en meurtrissant les branches, à la chute trop prompte de la sève descendante. L'art arrête ainsi les écarts de la nature.

Enfin, on ne peut disconvenir que l'abolition de la dîme et des droits féodaux consistant en tasque, lods, rachat, chasse, n'aient été un plus grand bienfait pour les habitants de la commune, dont les seuls deux premiers droits, emportaient le douzième de leurs récoltes. Le lods dû au seigneur s'élevait au sixième du prix de la vente, et les droits de rachat des propriétés vendues, tant qu'on n'avait pas payé le lods, restait dévolu au seigneur, pendant 29 ans, 11 mois et 29 jours, sans

un pas de géant. On n'aura plus besoin d'aller au Mexique ou au Pérou, pour trouver des mines d'or; dans une métairie, chaque coin de terre recèlera son filon.

tenir aucun compte de la plus value. Qu'on juge par là, avec quel enthousiasme furent accueillies à Sainte-Tulle, les nouvelles de la nuit du 4 août 1790, relatives à l'extinction des différents droits féodaux, si oppressifs de l'agriculture, dans les pays qui leur étaient soumis. Aussi les villes qui ne connaissaient pas ces droits, furent-elles moins sensibles que les campagnes à ce premier bienfait de la révolution; et furent plus ou moins opposées à cette dernière, parce que n'ayant jamais subi le joug du régime féodal, ils ne pouvaient apprécier les avantages de son abolition.

CHAPITRE XIII.

Doute archéologique, sur le séjour réel de Saint Eucher, dans la grotte de Beaumont; doute fortifié par le silence de tous les légendistes qui n'ont jamais fait mention de cette commune, au sujet de la retraite de ce pieux solitaire. — Peut-on admettre, d'après l'assertion de Bartel, que c'est dans l'antique souterrain de la chapelle de Sainte-Tulle qu'a vécu ce saint personnage, et que c'est de là qu'il fut retiré par l'archidiacre, pour être conduit et élevé au siège de Lyon? — L'inspection des lieux peut-elle confirmer ou détruire cette assertion?

La discussion dans laquelle je vais entrer, loin de paraître futile ou étrangère, me paraît au contraire, de la plus grande importance, et mérite d'être examinée avec autant de soin que d'impartialité. Loin de chercher à détruire, je veux réédifier, et revendiquer pour ma patrie des droits qui lui sont acquis, et que je crois fondés sur des titres légitimes, qui ont pu être méconnus, mais auxquels elle n'a jamais renoncé sciemment.

J'invite tout lecteur bienveillant et non prévenu, à n'avoir point d'idée préconçue, et à considérer que sur le point historique, la tradition populaire n'est pas toujours une autorité irréfragable. Au reste, la question que j'agite n'intéresse, sous aucun rapport religieux et philosophique, la légende de Saint Eucher, pour ce qui concerne sa retraite sur les bords de la Durance; la révélation miraculeuse qui en fut faite par un ange à un enfant, le peuple et le clergé de Lyon étant rassemblés, pour le choix d'un évêque; ainsi que la violence exercée par l'archidiacre, venu à la recherche du solitaire, et obligé, vu sa résistance, de l'emmener garroté, après avoir brisé le mur de clôture de son antre. Les circonstances de ces divers faits historiques, sont consignées dans les auteurs, mais tous se taisent sur le site précis de cette caverne, vaguement désignée au pied du Mont-Mars, qui dominait la Durance. Ainsi, tout ce qu'on a su jusqu'à ce jour, n'est qu'une tradition populaire; or, combien d'erreurs n'ont-elles pas été introduites dans le moyen-âge, pour tout ce qui se rapporte à des monuments historiques, dont les traces sont aujourd'hui si obscures, et qui sont vraisemblablement dues à l'inattention des moines et des clercs, alors seuls copistes et conservateurs des manuscrits déposés dans leurs monastères, de plus si souvent indéchiffrables.

Eucher, sénateur romain, auquel quelques auteurs attribuent une origine grecque, d'après l'étymologie de son nom *Ev* bien, *cheir* main, aux belles mains, avait acquis, par succession, ou par les revenus des places éminentes qu'il avait occupées, une immense fortune.

En admettant, comme on le suppose, qu'il possédât la vallée entière de la Durance, depuis Mirabeau jusqu'à Sisteron, n'est-il pas plus raisonnable de croire que, voulant renoncer au monde, il ait préféré établir sa retraite dans un de ses domaines, dont le nom comme celui de *Tetea*, avait pour lui une désinence toute romaine, plutôt que de choisir un lieu sauvage et agreste, mort entièrement à l'histoire ancienne et contemporaine; tandis que le lieu nouvellement désigné appartenait à une ancienne station militaire des Romains, servant de point intermédiaire et de communication, entre les colonies d'Apt et de Riez, si embellies par Auguste et César, rendues enfin si dignes de leurs fondateurs par leurs antiques monuments[1].

Si l'auteur de la vie de Consorce, contemporain du père de cette sainte, indique le lieu de la retraite de cet illustre personnage, comme situé dans le territoire d'Aix,

[1] Ne serait-ce pas par la corruption du nom *Tetea* que Papon, n'ayant pas connu la vie de Sainte Consorce, dans Mabillon, aurait annoncé que Thèle est un champ où Saint Eucher dit que sa fille Tullie fut ensevelie au pied de la montagne du cap Roux, près la Napoule, et s'appelle cap de Théoule. Cette assertion contient une erreur d'autant plus grande, qu'il faudrait que le premier Eucher, solitaire de l'île de Léro, eut été le père de Tullia, ce qui est démenti par l'histoire. D'ailleurs Papon aurait dû citer le texte de Saint Eucher; c'était la seule autorité sur laquelle il pouvait s'appuyer; à défaut, je tiens son dire pour une erreur, et pour une de ces variantes historiques, dont les auteurs qui ont écrit sur le moyen-âge, nous gratifient si souvent.

par ces mots : *in territorio aquensi*, *in agro nostro quem appellamus montem Martium.* Ce dernier mont désigné par celui de *Mont Maur*, par le P. Mabillon, on ne sait pourquoi, puisque les Maures n'ont paru que deux cents ans après, ne serait-il pas naturel de présumer alors, qu'on pourrait voir une étymologie funèbre dans une dénomination qui nous rappellerait le *Mont des Morts*, situé bien plus convenablement dans un champ tout parsemé de tombeaux antiques, et dans un lieu qui, par sa configuration, plane comme celui de *Tetea*, peut avoir été choisi pour y livrer quelque grande bataille ; tandis que le coteau du rocher de Saint Eucher, et ceux des environs, au premier aspect, n'ont jamais pu, stratégiquement parlant, être un lieu consacré au Dieu Mars, ou à l'ensevelissement de ses nombreuses victimes.[1]

La désignation du territoire d'Aix ne peut s'entendre que de la juridiction épiscopale, dans laquelle se trouvait le champ d'Eucher. Le diocèse d'Aix, remontant au commencement du troisième siècle, il n'était pas extraordinaire qu'il s'étendit jusqu'à *Tetea*, ce qui est de plus confirmé par les bulles des Papes Gelase II et Alexandre III, mentionnées sous la date de 1119 et 1178.

[1] *In archiepiscopatu aquensi ecclesias Sanctæ Tullæ, Sancti Eucherii, juxta druentiam.* Ces deux bulles, laissant intacte la question du séjour de Saint Eucher, et ne le déterminant en aucune manière, il n'y aurait donc pas plus de raison de se prononcer pour Sainte Tulle que pour Saint Eucher, si nous n'avions pas de docu-

D'ailleurs, l'on se tromperait étrangement si l'on pouvait croire que les noms donnés aux chapelles où tant de saints sont vénérés, indiquassent toujours l'ancien séjour de leurs titulaires. Quoiqu'il en soit, n'est-il pas surprenant, que si la grotte de Beaumont a été le véritable lieu de retraite de Saint Eucher, aucune légende ne fasse mention de cette commune, sous quelques noms estropiés ou boiteux, que les copistes aient pu la désigner, à l'aide desquels nous fussions cependant toujours parvenus à remonter jusqu'à son origine. Je dis de plus que si la *Gallia christiana* et les Annales ecclésiastiques de Baronius, universellement considérées comme l'histoire encyclopédique du christianisme, et si exactes à donner les plus petits détails sur la légende, se taisent absolument sur la topographie de cette retraite, et qu'elles se contentent de la fixer sur un point vague et indéterminé des bords de la Durance, ne doit-on pas conclure, que ce silence de leur part est entièrement destructif d'une tradition populaire, qui, comme je l'ai démontré, ne repose sur aucun fait historique bien constaté? Dira-t-on qu'un bourg traversé par une voie romaine, offrait un lieu bien moins propre à la vie contemplative, qu'un simple rocher isolé et battu par les flots de la Durance?

ments plus précis, relativement à ce séjour. En effet, le nom de Saint Eucher, pourrait-il être plus significatif que celui de l'église consacrée à Saint Étienne, par Consorce, pour nous faire admettre la présence ou le passage du premier martyr, sur le lieu même qui a vu bâtir l'édifice sacré.

Mais à l'époque où vivait Eucher, les Barbares n'avaient-ils pas déjà ravagé et détruit les villes romaines? et en Provence, après la chute de l'empire, la population indigène, n'était-elle pas assez clair-semée, pour qu'on pût regarder cette province, comme un désert, puisque d'après Papon, on n'y trouvait encore même, dans les huitième et neuvième siècles, que peu de villages, mais beaucoup de bois et de forêts. C'est bien le cas de dire alors que les bêtes fauves y avaient remplacé les hommes, puisque les historiens nous disent qu'on pouvait à peine s'y défendre alors contre les attaques des loups.

Il est bon de savoir que ce n'est qu'après l'expulsion des Sarrasins, que l'on a rebâti les villages dont les maisons, à cette époque, n'avaient point encore de cheminées, la fumée ne sortant que par le toit ou par un trou fait au mur. On peut juger par là des progrès et de l'état de la civilisation à cette époque, et de la conservation des monuments historiques écrits.

Ces différentes considérations, qui peuvent déjà répandre un si grand jour sur la question qui nous occupe, vont recevoir un bien plus grand dégré d'importance, par le texte précis d'un auteur de la contrée, tout à la fois très-érudit et consciencieux, qui, connaissant la situation des lieux, ne peut présenter qu'une opinion d'un grand poids. Bartel, dans sa nomenclature des évêques de Riez, publiée en 1636, dit que « Saint » Eucher menait une vie solitaire et d'ermite, proche

» la Durance, aux confins de la juridiction de Riez, » auprès de la montagne qu'on appelait de Mars, à » présent Sainte-Tulle (du nom de la très-sainte fille » d'Eucher), avec Sainte Galla, son épouse, et ses » deux filles Tullia et Consortia[1]. »

Bartel dit encore dans sa revûe chorographique, en parlant de Rousset : « Terre notable, située dans le » territoire de Gréoulx, auprès de la Durance, à qua- » tre lieues de Riez, à l'opposé du bourg de Sainte- » Tulle, séparé par la Durance, où le divin Eucher de » Lyon a long-temps suivi une vie d'ermite, avec Sainte » Galla son épouse, et ses deux filles Consortia et » Tullia[2]. » Le mot *diù* dont se sert Bartel, n'annonce-t-il pas un long séjour d'Eucher, avec sa famille dans son domaine de *Tetea*, qui était sans doute la villa romaine de ce grand personnage[3]. Voilà un auteur qui

[1] *Qui cavernam propè Druentiam, finibus ditionis regiensis, ad montem quem vocabant Martium, nunc Sanctam Tulliam, (ejusdem Sancti Eucherii filiæ sanctissimæ nomine) ubi vitam eremeticam cum Sanctâ Gallâ conjuge, Tullia et Consorcia filiabus, profitebatur. Pag.* 52.

[2] *Rossetum, nobilis fundus in agro gredolitum ad Druentiam, 4 l. distant à Regio, ex opposito oppidi Sanctæ Tulliæ Druentia intermedia, ubi divus Eucherius Lugdunensis, cum Sanctâ Gallâ conjuge et filiabus Consortia Et Tullia, Vitam eremeticam diù est professus. Pag.* 65.

[3] Ce qui semble confirmer cette idée, ce sont les débris d'un grand édifice construit jadis auprès de la chapelle, lieu de plaisance que devaient arroser les eaux de la Runade, qui y formaient une belle fontaine, ainsi que le démontrent les tuyaux d'ancienne poterie,

s'explique clairement et ne se borne pas à désigner d'une manière vague, une grotte située sur les bords de la Durance, en parlant de la retraite d'Eucher; tandis que les deux martyrologes romain et gallican, et les autres auteurs sacrés ne font aucune mention de Beaumont. Bartel, par la nature de ses études, étant prêtre, théologien de Riez, et de plus historien, n'était point étranger aux différentes légendes du pays. Il faut qu'il ait trouvé des preuves bien authentiques, bien puissantes, pour avoir émis sur le lieu même, une opinion entièrement contraire à la tradition populaire, qu'il ne pouvait ignorer, détruisant ainsi un fait que le temps semblait avoir consacré, sans preuve authentique, il est vrai, pour donner un nouveau lustre à un bourg, déjà si remarquable par son ancienne origine, et par ses nombreux tombeaux romains. La religion, en pareil cas, n'exclut point un examen sérieux et critique, sur un sujet qui est purement du ressort de l'histoire, et qui n'intéresse en rien le dogme et la morale évangélique. Saint Eucher n'aura pas moins illustré le siége de Lyon; son élection n'aura pas été moins miraculeuse, soit que l'archidiacre

incrustés dans quelques pierres de taille du clocher de l'église, et qu'on trouve encore le long du trajet que l'eau parcourait, ce qui avait dû nécessiter de grandes dépenses, et prouve qu'il n'y avait qu'un homme fort riche qui avait pu les y conduire, et on sait ce que faisaient les Romains pour avoir de belles eaux!.... L'ancienne auberge dite de Sadon appartenant, au dix-septième siècle, au seigneur de Sainte-Tulle, aurait-elle été construite sur les ruines de la *villa* d'Eucher et reçu les mêmes eaux?

de cette grande ville, soit venu, par inspiration divine, l'arracher de sa grotte de Beaumont, ou de son souterrain de Sainte-Tulle. Le *montem Martium fluvio Druentiæ imminentem*, indiqué pour cette retraite par l'auteur de la vie de Sainte Consorce, est également applicable à l'une et à l'autre crypte, attendu qu'au sixième siècle, la Durance, alors rapprochée de Sainte-Tulle, coulait au pied de ce qu'on appelle le *Tor*, poudingue formé, comme je l'ai déjà dit, par les cailloux de cette rivière, avant qu'elle eut créé, par son retirement sur la rive gauche, la vaste plaine qui s'étend de Volx au rocher de Négrel. L'inspection seule des lieux, et le résidu des fouilles souterraines constatent la vérité de cet aperçu géologique. Mais je crois fermement que dans l'origine des choses, cette vaste plaine ne formait qu'un grand lac qui a disparu lors de la catastrophe souterraine qui a soulevé verticalement les rochers de Mirabeau, et que la Durance a pu alors déborder momentanément dans la Crau, par les deux ouvertures ou brèches de Lamanon et d'Eyguières, à travers les Appennins, et y charrier la grande quantité de cailloux qu'on y trouve. Mais il est bien reconnu aujourd'hui, qu'elle n'y a jamais coulé comme rivière permanente, et ante-diluvienne, sa configuration actuelle entièrement plane repousse cette idée populaire.

Quoique l'assertion de Bartel date de plus de deux siècles, elle n'a pas été encore controversée. En l'adoptant aujourd'hui, on pourra me dire que je dévie d'une route que j'avais depuis peu suivie ; mais une étude plus approfondie m'a conduit à la recherche d'anciens monuments, dont l'examen m'a mis sur la voie de la vérité, qu'il est toujours, au reste, si difficile de découvrir dans l'histoire des huit premiers siècles de l'Église, surtout après les invasions barbaresques et sarrasines, qui saccagèrent si fréquemment le Midi[1].

En rétablissant un fait historique en faveur d'un pays déjà plein d'aussi honorables souvenirs, je ne fais qu'implanter de plus en plus dans le cœur de mes compatriotes, un ancien tribut d'amour, de reconnaissance et de vénération, pour une famille dont la plus jeune tige a donné son nom à la commune qui fut témoin de ses vertus, et qui ne l'invoqua jamais en vain dans ses mal-

[1] Dans l'opuscule que j'ai fait imprimer en 1812, sur le tremblement de terre de Beaumont, et dans le cantique contenant l'histoire de la Bienheureuse Tulle et de sa sainte famille, récemment publié, je regardais, comme le vulgaire, la grotte de cette commune, comme ayant servi de retraite à Saint Eucher, avant son élévation à l'épiscopat ; mieux éclairé aujourd'hui sur cette question géographique, et par le silence des auteurs, et surtout par l'inspection nouvelle des lieux, j'abandonne mon ancienne opinion, et je rapporte au souterrain de la chapelle de Sainte-Tulle, tout ce que j'ai pu dire de la caverne de Beaumont. C'est là mon opinion ; on peut la contredire, la discuter ; mais je pense qu'elle ne sera jamais assez puissante pour me faire croire que je pourrais facilement changer, sur ce point, la croyance et les idées populaires de la contrée, et pouvoir la priver d'un pélerinage qui, par son site romantique et par d'anciens souvenirs, doit plaire aux âmes religieuses des environs qui y sont attirées chaque année, par une procession solennelle le lendemain de la Pentecôte.

heurs. Mais quel bonheur ineffable pour elle, si elle peut se flatter aujourd'hui d'avoir possédé jadis à *Tetea* la famille entière!...

En effet, l'auteur de la vie de sainte Consorce dit textuellement : *Post non multos verò dies conversionis illorum, filia eorum Tullia, in virginitate permanens, migravit ad Dominum, sepultaque est in agro suo qui dicitur Tetea, in speluncâ duplici.* D'après un énoncé si précis, je me crois autorisé à conclure, que Tullia n'était pas séparée de sa famille, lorsqu'elle est morte, peu de jours après la retraite de son père. L'exclamation subite d'Eucher, à la nouvelle de cette mort, qu'il avait sans doute apprise ou entendue, *quo audito*, par les pleurs et les sanglots de Galla, à travers les murs de clôture de sa grotte, *Dieu me l'a donnée, Dieu me l'enlève, que son nom soit béni*, prouve clairement que Tullia était alors au sein de sa famille; D'ailleurs, comment croire que cette jeune fille eût quitté brusquement sa mère et sa sœur, immédiatement après la retraite de son père, et se fut séparée d'elles, pour se retirer seule, par un exil volontaire, dans un lieu éloigné, quoique sous la sauve-garde de son innocence et de ses vertus? n'est-il pas plus conforme à la raison et à la vérité de croire qu'Eucher, comme l'a dit Bartel, ait long-temps prié et vécu avec sa famille dans le lieu même, d'origine romaine, qui porte aujourd'hui le nom de sa sainte fille, plutôt que dans l'antre de Beaumont, qui, n'étant qu'un simple produit volcanique, contemporain sans doute du grand bouleversement des couches calcaires qui lèvent leurs fronts sourcilleux, au détroit du pont de Mirabeau, aura donné au peuple la première et fausse idée d'y fixer le séjour de notre illustre solitaire? on sait tout le merveilleux que dans le moyen-âge, le peuple a toujours attaché aux grottes et aux cavernes. Est-il vraisemblable qu'Eucher, qui, avant sa conversion ou changement d'état, avait une si grande fortune, était entouré d'un si grand nombre de domestiques ou d'esclaves, auxquels il donna un tiers de ses richesses, est-il vraisemblable, dis-je, qu'avec un si fastueux alentour, il ait habité un endroit si stérile et si disgracié de la nature, que celui qu'on lui assigne? La belle position de *Tetea*, tout en lui offrant le lieu de délices que pouvait désirer un grand seigneur, avant sa conversion, ne lui a pas moins offert un lieu de solitude et de retraite bien propice, dans la crypte voisine de son palais, où sans doute il dût donner le grand festin à ses parents et à ses amis, lorsqu'il leur fit part de la détermination de se renfermer dans une grotte, et dans laquelle il persista malgré leur dissuasion unanime. Tout nous fait supposer avec raison, la proximité de cette grotte, et prouve de plus en plus, que ce n'a jamais pu être celle de Beaumont, dont le voisinage, vu la disposition de ses collines, n'a jamais pu être le séjour d'un grand personnage, tel que l'était Eucher, au faîte des honneurs, et courbé sous le poids d'une immense fortune, avant de renoncer au monde, ce qui est constaté par ce qu'on a dit ci-dessus de Consorce, qui, quoique n'ayant eu qu'un tiers des biens de son père, est désignée à Hecca, comme une jeune fille, belle, orpheline ayant de grandes possessions, des richesses innombrables, et de nombreux domestiques. On peut juger par là, de l'opulence de son père et de l'étendue du palais qu'il devait occuper en famille.

La Provence conserve encore d'assez belles ruines, pour témoigner de la splendeur des villa romaines, dans les beaux jours de l'empire, et nous faire juger à notre tour, ce qu'a dû être dans le temps, celle du père de notre illustre patronne.

D'après ce qui précède, il me sera facile de démontrer que Colombi, dans son *Histoire de Manosque*, et dans celle de *Notre-Dame du Romigier*, ne connaissant pas la vie de Sainte Consorce, n'a pu dire que des choses erronées, et au sujet de l'emplacement de l'église dédiée à Saint Etienne, que cette sainte fit bâtir, et au sujet de la sépulture de sa sœur Tullia, dans l'église de Notre-Dame de Manosque, offrant même une contradiction manifeste sur cette même sépulture, puisqu'il dit, pag. 158 et 227, édit. Pelicot, 1808, que cette Sainte voulut que son corps, après sa mort, fut enseveli à trois milles de la Bienheureuse Vierge de Manosque. Sur quels documents s'est-il appuyé pour retracter sa première opinion, annonçant que Tullia avait été enterrée dans l'église de Notre-Dame de Manosque, et où les avait-il puisés ? sans le vouloir peut-être, comment a-t-il deshérité l'église de Notre-Dame de Manosque, de sa riche dépouille, en assignant le vrai lieu de la sépulture de Tullia, à trois milles de distance de Manosque, distance qui indique la vraie position de *Tetea*, où se trouve encore aujourd'hui le souterrain à double caverne, où, d'après la *Vie de Sainte Consorce*, fut ensevelie sa sœur Tullia. Cette vie, devant être considérée, ainsi que celle de Saint Césaire, par Saint Cyprien, son disciple et évêque de Toulon, comme les seuls actes authentiques sur Saint Eucher et sa famille; tous les historiens qui ne les ont pas connus, et qui s'en sont écartés, n'ont pu énoncer que des faits inexacts et apocryphes. En réfutant ici le P. Colombi, je ne respecte pas moins ce saint religieux, dont le savoir et le zèle patriotique doivent toujours être à un haut degré d'estime dans l'esprit des habitants de Manosque, sa ville natale. D'ailleurs, j'ai quelques remercîments à faire à cet auteur, pour m'avoir fourni un nouvel argument à la déchéance de la grotte de Beaumont, en annonçant, dans *les livres des Evêques de Viviers*, que de son temps, 1662, la caverne qui avait servi de retraite à Saint Eucher, venait d'être découverte, ce qui rapporte à une date bien peu ancienne, la tradition populaire du séjour de notre solitaire dans cette caverne; et de là, on doit juger tout le parti qu'on a pu retirer de cette merveilleuse découverte, pour accréditer l'opinion qui a dominé jusqu'à ce jour, mais qui doit être si fortement ébranlée par les nouvelles investigations d'un auteur tout aussi religieux, que consciencieusement zélé pour la vérité. Car, il est dans l'essence des choses, que les fidèles se disputent la possession de leurs saints, comme cela a lieu dans certaines villes, à l'occasion de la naissance de leurs grands hommes.

Il paraît démontré que Colombi, en faisant naître Tullia en 400 et lui donnant en 411 la faculté physique de dérober le corps de saint Andiol à la fureur des Vandales, a avancé une erreur historique d'autant plus grande qu'elle est en opposition avec la date fixe de l'invasion de ces barbares en Provence, et preuve de plus, qu'il n'a pas connu l'existence des deux Eucher, attribuant au premier, père de Véranus et de Salonius, contemporain de saint Hilaire d'Arles, ce qui appartient au second, père de Consortia et de Tullia qui accompagna saint Césaire à Rome et qui vivait près d'un siècle après son homonyme. Le cardinal Baronius, dans ses annales, et Théophile Reynaud, dans son catalogue des évêques de Lyon, ne laissent plus aucun doute sur le point historique, comme il a été dit ci-dans la vie de sainte Consorse.

CHAPITRE XIV.

Dans l'ordre chronologique, peut-on assigner l'époque à laquelle le nom de Tetea *a été remplacé par celui de Sainte-Tulle? Y a-t-il au moyen-âge des exemples d'une substitution de ce genre, dans certaines communes de la Provence?*

Nous avons vu que la vie de sainte Consorce, écrite vers le milieu du sixième siècle, constate la dénomination de *Tetea* assignée au domaine de sa sœur Tullia, d'une manière authentique; mais, depuis cette époque, six siècles se sont écoulés et ont jeté le voile de l'oubli sur cette petite commune[1]; cependant dès le commencement du douzième siècle, divers monuments historiques en font mention. Ainsi les bulles des papes Gélase II et d'Alexandre III, à la date de 1119 et 1178 précitées, nous attestent que le monastère de

[1] Si l'on se rapporte par la pensée aux époques si calamiteuses où il y a eu en Provence tant de troubles civils et politiques, on doit peu s'étonner de cette lacune historique, puisque Marseille elle-même ne conserve dans ses archives aucune pièce antérieure à l'année 1020, et la bibliothèque du Vatican aucun registre avant 1216 sous le pontificat d'Innocent III.

Saint-André-lez-Avignon avait des bénéfices attachés à l'église de Sainte-Tulle et lui en confirmait la possession. La commune de Sainte-Tulle est encore nommée dans une donation faite par Guigues, comte de Forcalquier, à la date de 1149, aux Hospitaliers de Jérusalem; la même mention est faite dans le testament du comte Bertrand au moment où il se disposait d'aller combattre les Sarrasins, testament où le château de Sainte-Tulle est donné à l'hôpital de Jérusalem, et qui porte la date de 1168. Ces deux actes annoncent que dans ce douzième siècle, Sainte-Tulle avait déjà une certaine importance, vu la qualité des donataires et le haut rang des donateurs, suivant l'axiôme si généralement reçu, *de minimis non curat prœtor.*

Une ordonnance, rendue en 1253, par les juges nommés par Béatrix, arrière-petite-nièce de Guillaume le Jeune, supprime le péage établi à Ste-Tulle, à l'insu de ce prince, ce qui suppose que cette commune n'avait pas encore été détruite à cette époque. Ces juges étaient Humbert, évêque de Sisteron, président; Faucon du Puy, Ricard de Tarascon, Artaud, seigneur de Venelles; Robert de Levens [1].

[1] On sait que Levens est situé dans le voisinage de Saint-Jeurs, berceau primitif de notre famille, avant le douxième siècle; tout annonce que c'est un de ses membres qui figure parmi les juges nommés par Beatrix pour prononcer sur le péage établi à Sainte-Tulle, dès le treizième siècle.

Ces divers actes, sur l'authenticité desquels on ne peut avoir aucun doute, font remonter à sept siècles le vénérable nom que porte notre commune. Par la pensée, fondée sur une présomption historique très-admissible, je crois qu'on peut en rapporter l'origine et l'impétration à la vie ou à la mort de la Sainte. Les troubles civils, politiques ou religieux, qui ont agité la Provence, ainsi que les invasions successives des hordes du Nord, nous laissent dans l'ignorance la plus complète à ce sujet. Peut-on douter que notre commune n'ait partagé les malheurs de la contrée et n'ait pas subi le joug des barbares, n'ayant pu se maintenir saine et sauve dans son exiguité? Tout doit nous le faire craindre, puisque les pays environnants ont eu tant à souffrir des différentes irruptions des Vandales, des Lombards, des Saxons, des Hongrois, surtout des Sarrasins et des bandes indigènes qui ont marché si fidèlement sur les traces sanglantes des premières. Mais si la destinée de notre pays, antérieurement au douzième siècle, nous est inconnue, nous pouvons assurer que dans l'intervalle de 1253, jusqu'en 1447, notre commune a été saccagée, pillée, brûlée, détruite de fond en comble et privée de ses habitants. Peut-on imputer sa ruine à la grande compagnie de Gascons en 1356, aux Tardsvenus, aux bandes de Transtamare et de Turenne qui commirent plus d'horreurs que tous les anciens barbares réunis? D'après la tradition, ce serait aux Piémontais, qui, en 1400, firent beaucoup de déprédations dans la Haute-Provence, qu'il faudrait attribuer cette destruction si bien caractérisée par ces mots, *devastaverunt Pedemontes*, conservés dans l'acte d'habitation du 4 septembre 1447, où Jean de Villemus, possesseur, on ne sait à quel titre, de tout le territoire de Sainte-Tulle, appela quinze habitants dont le premier est connu sous le nom de Jean Sidoine. Pour les y fixer, il leur donna des terres moyennant une cense annuelle du treizième de la récolte en grains; il leur octroya encore une vache pour les ensemencer, ce qui fait supposer que l'étendue des terres arables, était bien peu considérable, et que la plus grande partie du terroir devait être en friche. On ne croit pas que le logement de ces quinze premiers habitants ait pu aussi être autre chose que de misérables cabanes bâties en terre, couvertes de paille ou de branches d'arbre et de feuillages [1]. Telle a été l'origine et le germe de la population qui a constitué et reproduit sous son premier nom, la nouvelle cité. Tout document antérieur à l'acte d'habitation de 1447, est perdu, et c'est sur cette espèce de charte que le régime féodal s'est maintenu dans toute sa rigueur jusqu'en 1789.

Par une de ces vicissitudes sociales qui, sans doute,

[1] C'est ainsi que Vitruve nous dit, en parlant des maisons des premiers marseillais où figuraient la terre, le bois et le chaume : *Massiliæ animadvertere possumus, subacta sine tegulis, cum paleis, terrâ tecta.*

ne sont pas trop fréquentes dans l'ordre naturel des choses, on vient de voir qu'en 1447, Jean de Villemus, possesseur de tout le territoire de Sainte-Tulle, y appela quinze habitants pour repeupler le pays qui avait été entièrement dévasté, et leur concéda quelques terres à défricher. Eh bien! en 1806, les descendants de ces quinze premiers habitants deviennent à leur tour propriétaires de toutes les terres de leur ci-devant seigneur, vendues tractativement par ses héritiers, et payées au moyen d'un attermoiement qui leur a donné la faculté de se libérer, en quatre soldes, dans l'espace de quatre ans. Ces vastes propriétés, dont le labour occupait annuellement douze charrues à bœufs, et quatorze lors des semences, ne recevant presque jamais d'engrais, ne donnaient que le faible produit du trois à quatre pour un, tandis que depuis qu'elles ont été morcellées, cultivées avec soin et engraissées, elles ont fait reparaître l'abondance sur un sol où il n'y avait qu'une infécondité par le défaut d'amendements, et la nécessité dans laquelle on se trouvait de laisser tous les ans des jachères, inévitables en Provence, dans tous les grands domaines, toujours ensemencés en céréales et jamais fumés, par l'insuffisance des pâturages naturels et artificiels, au lieu d'une abondante production de fourrages, telle que le réclame toute ferme utilement exploitée. En effet, il est bien reconnu aujourd'hui, qu'il n'y aura jamais de récoltes abondantes à attendre, sans le fumier qui, même aux yeux du peuple, est la seule âme de la végétation, quelque système agricole perfectionné que l'on adopte; car que produiraient les labours avec les charrues nouvelles des Dombasle, des Granger, des Bonnet, des Jullien même, sans l'un des puissants auxiliaires recommandé par Columelle, qui a réduit, comme l'on sait, tout ses préceptes agricoles aux deux opérations suivantes : *fodere et stercorare*, c'est-à-dire, creuser et fumer...

En rapportant ci-dessus que je pensais que le nom de Sainte-Tulle, qui a remplacé celui de *Tetea*, doit dater de la vie ou de la mort du Saint personnage qui l'a illustré de l'éclat des plus éminentes vertus, je crois être autorisé par beaucoup d'exemples dont je ne citerai que les suivants. Ainsi Bouche nous dit, dans la *Chorographie de la Provence*, qu'Héraclée, appelée ensuite *Flavia*, prit le nom de Saint-Gilles en 512, après que le roi Théodoric, quoique Arien, y eut fait bâtir, pour ce Saint, un monastère qui devint très-célèbre dans la suite; que l'ancienne *Villa lata*, sur la voie Aurélienne, s'appelle aujourd'hui Saint-Maximin, du nom du Saint qui y fut enterré; et que Saint-Tropez a remplacé le nom de *Heraclea cacabaria*. Le même auteur rapporte encore que l'ancien *Glanum* de Pline, prit le nom de Saint-Remi en reconnaissance des bienfaits que les habitants de cette ville, avaient reçus de ce Saint, dans le voyage qu'il fit en Provence, avec Clovis, lorsque ce dernier vint assiéger Gondebaut, roi des Bourguignons, dans Avignon; enfin, *Enarginum*, près d'Arles, prit celui de Saint-Gabriel. Ces divers exemples ne peuvent donc que nous confirmer dans l'opinion, que le nom de Sainte-Tulle, doit remonter au sixième siècle, à l'époque du séjour ou de la mort de la Sainte, dans son domaine de *Tetea*. N'est-il pas en effet, bien plus vraisemblable que c'est, lorsque les vertus de la bienheureuse exhalaient encore un parfum récent de sainteté dont sa crypte devait être remplie, que *Tetea* a changé alors de nom, plutôt que dans les siècles suivants? à quoi attribuer une reconnaissance qui aurait été si tardive? et si le nom de Sainte-Tulle ne peut se rapporter qu'à Tullia, fille d'Eucher, pourquoi ne le rendrait-on pas contemporain de l'existence de la Sainte?

CHAPITRE XV.

Aperçu archéologique sur le souterrain ou crypte de la chapelle rurale de Sainte-Tulle. — Vénération du peuple pour ce saint lieu, arrosé du sang des fidèles qui, réunis dans cette crypte, y furent massacrés le jour de Pâques par les Sarrasins. — Cérémonie religieuse commémorative de ce massacre. — Tombeaux chrétiens des huitième et neuvième siècles, remarquables par leur simplicité et l'absence de tout ornement et inscriptions honorifiques, découverts depuis peu au pourtour de la chapelle.

Cette chapelle, dont la construction est moderne, n'a rien de remarquable à l'extérieur. Elle est aujourd'hui en ruines, n'étant plus consacrée au culte depuis la révolution, époque où elle fut vendue; mais le souterrain ou crypte a bravé la fureur des barbares et les ravages des siècles. La taille et la coupe régulière des pierres, leur arrangement symétrique, annoncent un style et un ciseau romains; la rouille même du temps, incrustée sur les murs, à l'approche desquels on respire l'arôme de sainteté que la bienheureuse Tulle y a laissé, est encore un nouvel indice d'une haute antiquité, quand même les voûtes à plein cintre, si caractéristiques de leur âge, ne nous désigneraient pas une date bien antérieure à l'ère ogivale. Le jour n'y pénétrant que par deux petites ouvertures, un clair-obscur ajoute au recueillement religieux et à l'émotion de l'âme qu'on éprouve, en se rapportant au temps où la persécution des proconsuls et des empereurs romains obligeait les fidèles à se réfugier dans ce souterrain pour y célébrer les saints offices. Quant à moi, je n'ai jamais pu y descendre sans ressentir un saisissement et un froid glacial qui pénètrent jusqu'aux os et qui sont produits par le souvenir du massacre qui y fut exercé, il y a plus de dix siècles, sur les chrétiens, par les Sarrasins. Par la pensée, on y voit fumer encore le sang des martyrs, ces illustres confesseurs de la foi, morts un instant aux yeux du vulgaire dans ce monde périssable, pour revivre éternellement en Jésus-Christ. On y voit par anticipation, l'auréole de gloire qui les entoure dans ce céleste séjour; on y entend même les cris de joie et d'espérance qu'ils élevaient à Dieu, au moment où victimes innocentes, ils allaient tomber sous le fer homicide. Ainsi chaque jour à Rome les pélérins se prosternent avec ravissement, sur la terre sanctifiée des catacombes, arrosée de tant de sang chrétien par les empereurs. Disons-le enfin avec douleur, un sol où tant de palmes du martyre ont été cueillies, où chaque grain de sable doit être une relique aux yeux des fidèles, ne peut être plus long-temps délaissé et foulé aux pieds des profanes, et doit obtenir et reprendre désormais, la vénération dont il a joui pendant si long-temps, comme un lieu consacré au culte. Je ne doute pas que les mêmes sentiments ne soient éprouvés en général, par tous ceux qui, attachés à la foi de nos pères, visitent les saints lieux, surtout ceux qui, comme le nôtre, ont été illustrés par le triomphe du christianisme sous les coups redoublés de la persécution [1].

Pour perpétuer le souvenir de ce massacre, l'église a consacré une procession solennelle le jour de Pâques, où par un contraste étonnant avec les chants joyeux du jour, le prêtre officiant, revêtu de la chappe violette, signe de deuil, va faire l'absoute, et chanter le *Libera* sur la tombe des nombreuses victimes qui y ont été sacrifiées par les Sarrasins, descendus de la colline voisine où ils avaient établi leur camp ou leur demeure. Cette cérémonie, établie de temps immémorial, et répétée chaque année, est une preuve vivante du fait historique

[1] J'aime à croire que le possesseur actuel de cette chapelle se rendra aux desseins de feu son oncle, qui avait dit publiquement, nombre de fois, qu'il n'avait acheté les deux chapelles de Saint-Pierre et de Sainte-Tulle, que pour les conserver au culte; et réalisera cette honorable intention du défunt, en prenant des arrangements qui, sans léser ses intérêts, soient assez modérés cependant, pour être regardés par le public, comme un acte d'un généreux et loyal désintéressement, fait en faveur de ses concitoyens qui ne pourront qu'en être très-reconnaissants.

qui, s'est conservée jusqu'à ce jour. On doit bien penser qu'un anniversaire de cette nature, n'a pu être une invention populaire à laquelle l'église ait voulu bénévolement souscrire. Je le répète, la chappe violette le jour de Pâques, ne peut que nous rappeler le souvenir d'une grande catastrophe, intimement rattachée à cette commémoration funèbre. Il y a quelques années que le possesseur de cette chapelle, ayant fait faire des fouilles dans la terre qui y est annexée et qui l'entoure, découvrit plusieurs grands tombeaux en pierre de taille tendre, mais sans inscriptions ni médailles. La forme et le type de ces tombeaux, accusent des sépultures chrétiennes des huitième et neuvième siècles. On sait que dans le temps de grande ferveur religieuse, les fidèles aimaient à confier leurs dépouilles mortelles au voisinage des églises et des chapelles rurales, consacrées au culte; ce qui nous indique que c'est par un esprit religieux que ces tombeaux avaient été placés autour d'une chapelle en si grande vénération. La pierre, qui les compose, étant, par son grain, étrangère au pays, et ne se trouvant qu'à la distance de plusieurs lieues, ces tombeaux n'ont dû appartenir qu'à des gens riches, d'après la difficulté et le haut prix du charroi, les chemins ne pouvant guères, à cette époque, être sous la protection des Viales ou divinités des grandes routes. Le défaut d'inscriptions est ici pour moi une preuve de l'humilité chrétienne des défunts. Quoiqu'il en soit, j'ignore jusqu'à quel point des fouilles ont été faites dans des pareils lieux qui ne peuvent récéler que des cendres de chrétiens, ne seraient pas dans la classe des profanations définies par la loi, de quelque zèle et ardeur archéologiques dont les investigateurs soient animés[1].

[1] Mais avant de terminer ce qui concerne ces tombeaux chrétiens, ne pourrait-on pas croire, jusqu'à un certain point, que des tombeaux d'une si grande dimension ont primitivement servi à de grands personnages de la république ou de l'empire romain, puisqu'il est reconnu aujourd'hui que, dans le moyen-âge, beaucoup de chrétiens, après leur mort, ont été déposés dans des sépulcres d'anciens payens. Dès lors, nul doute que ce ne soit à cette nouvelle destination qu'est due la perte de beaucoup de faits historiqnes qui auraient été constatés par les noms, les médailles ou les attributs des premiers possesseurs de ces gîtes funèbres. Ainsi une inscription, que je viens de découvrir, il y a peu de jours, et qui, outre deux lignes et demies effacées et indéchiffrables, semble pourtant présenter encore les lettres majuscules T..... *Trasius* en beau caractère romain, n'a pu appartenir, selon moi, qu'à un monument sépulcral. C'est d'après un fait pareil que j'ai pu juger des vicissitude et de l'instabilité des choses humaines au sujet de la gloire d'outre-tombe, en voyant sur un mur rustique de mon grenier à foin, un débris d'une pierre tumulaire qui a peut-être décoré le mausolée d'un de ces héros qui ont tant illustré le nom romain, ou d'un des compagnons de César dans la conquête des Gaules, ensevelis dans le modeste champ de Tetea.....

CHAPITRE XVI.

Quelques considérations artistiques sur le Missel ou Antiphonaire *orné de vignettes coloriées qui représentent, en traits iconographiques, la vie et la mort de Sainte Tulle, et les attributs des grandes fêtes de l'année; livre qui, au rapport du savant archéologue, M. Didron, surpasse en beauté tout ce que Paris et la France ont de plus parfait en ce genre.*

On regardera toujours sans doute, comme un miracle, qu'au milieu de la tourmente révolutionnaire, et de la dévastation de tous les objets du culte, un aussi beau livre ait pu survivre au naufrage général. L'intervention de la Sainte, patronne du lieu qui fut sa demeure chérie, n'a pu, sous aucun rapport, être étrangère à cette conservation. En effet, un livre, rempli de tant de belles mignatures, où l'esprit religieux respire à chaque page, et retrace les symboles de nos mystères, ainsi que les élans de la foi la plus vive, était une assez belle proie offerte aux iconoclastes modernes. Pour connaître tout le prix de ce livre, je crois devoir consigner ici l'opinion et le jugement qu'en a portés, le savant archiviste de la préfecture des Bouches-du-Rhône, M. Ricard, dont le nom et la famille se rattachent si intimement à nos anciens souvenirs parlementaires.

« L'église de Sainte-Tulle, nous dit M. Ricard, » possède un *Antiphonaire* ou livre de chant orné de » vignettes remarquables par leur beauté et leur belle » conservation.

» Cet Antiphonaire contient cent quatre-vingt-dix-» huit pages, qui sont numérotées au bas des feuillets » Les vignettes et dessins sont d'un pinceau élégant et » correct.

» Ce livre, d'après l'inscription latine qu'il porte » au verso du premier feuillet, fut donné à cette » paroisse par Jacques Bremond, prêtre, né à Néoules, » diocèse de Toulon, prieur commandataire de la dite » église, l'an 1704.

» L'écriture de cette inscription étant la même que » celle du corps du livre, il est hors de doute que la » date ci-dessus est celle du livre lui-même.

» Les vignettes et dessins sont donc aussi de la » même époque de 1704; toutefois il semble que le » peintre a voulu imiter en quelque sorte, le caractère » des peintures du moyen-âge, en y mêlant cependant » les caractères et les perfectionnements où était par-» venue la peinture en France, à l'époque de la con-» fection de ce livre.

» Le coloris de ces vignettes est en effet très-pur et
» le dessin délicat. Les ornements, en couleur et en
» or, sont également soignés et parfaitement con-
» servés.

» Les sujets représentés dans ces vignettes, sont
» tous relatifs à la fête du jour; ainsi on y voit l'Ado-
» ration des bergers, celle des Rois, le Martyre de
» saint Étienne, la Résurrection de Jésus-Christ, son
» Ascension, la Pentecôte, l'Assomption et la Fête de
» tous les Saints. Dans quelques-uns de ces sujets,
» l'auteur s'est inspiré des tableaux des grands maî-
» tres. La Représentation de la Cène rappelle le chef-
» d'œuvre de Léonard de Vinci.

» La page la plus riche en miniature, est celle con-
» sacrée à la fête de sainte Tulle elle-même, patronne
» de l'église. Elle représente, dans une suite d'enca-
» drements ornés de fleurons et d'arabesques, les traits
» principaux de la vie de la Sainte. Les notes du
» plain-chant et les paroles mêmes sont en or. Enfin le
» tout est d'une grande magnificence.

» Sainte-Tulle, anciennement *Tetca*, est une petite
» commune du canton de Manosque, département des
» Basses-Alpes; elle ne compte que onze cent cin-
» quante habitants. Son église dépendait autrefois de
» la commanderie de l'ordre de Malte, dont le chef-
» lieu était à Manosque, et c'est ce qui explique le titre

» de prieur commandataire qu'a pris Jacques Bremond, » le donateur du livre dont nous nous occupons.

» Le nom latin de *Tullia* indique une origine ro- » maine, et peut-être même une parenté avec la fa- » mille de Marcus Tullius Cicéron. Il est reconnu en » effet, que la commune de Sainte-Tulle était une villa » ou plutôt une station romaine, si on en juge d'après » les tombeaux, médailles et autres objets trouvés dans » les diverses fouilles faites dans son territoire.

» Quoiqu'il en soit de l'origine du nom de Sainte » Tulle et de sa famille, on peut assurer que peu » d'églises en Provence possèdent un livre de chœur, » Missel, ou autre qui soit plus beau, et enluminé d'une » manière plus élégante. »

Mais indépendamment du coup-d'œil général jeté sur ce rare trésor, pour ne rien laisser à désirer au public, et surtout aux étrangers qui n'auront jamais l'occasion de voir ce livre, je crois devoir donner ici, comme supplément, le simple énoncé de chaque vignette ou tableau en miniature, dont on pourra toujours dire, quoique le plus grand nombre soit resplendissant d'or, que le travail y surpasse de beaucoup la matière.

On ne peut disconvenir cependant, que quoique le Missel ne présente que la date de 1704, il ne soit par ses miniatures, un reflet de celles du moyen-âge. La tradition et les chefs-d'œuvre des siècles passés, dirigeaient encore, à cette époque, le pinceau des artistes qui avaient sous leurs yeux de si beaux modèles. Quoiqu'il soit vrai de dire que la peinture en miniature florissait déjà en Hollande, en Flandre, en Allemagne, lorsqu'elle n'était encore en France qu'une sorte d'enluminure; néanmoins elle n'a pas tardé de briller par une belle composition, autant que par un coloris frais et vigoureux, par un bon goût de dessin qui s'observent dans la pensée et la liberté des contours, le choix et l'apprêt des couleurs et la juste application et mélange de leur teinte.

Le premier encadrement ou vignette de la première page, représente Saint Joseph et la Vierge, allant en Judée, pour obéir à l'édit d'Auguste, au sujet du dénombrement. C'est un carré parfait de 15 centimètres, relevé par une bordure en or et coupé par une grande R aussi en or. Les figures de la Vierge sur l'anesse et de Saint Joseph sont peintes au naturel. L'Introït de la messe de minuit contient une vignette où l'on voit au centre, couché sur la paille, le nouveau né; la Vierge, les bras étendus, est en adoration, et Saint Joseph, dans l'attitude d'un homme surpris qui admire ce grand évènement dont les suites vont changer la face du monde, et sera un sujet de joie universelle. Aussi la page 39 est remarquable par une vignette où l'on voit un berger sonnant de la cornemuse, précédé d'un chien, et suivi d'un berger et d'une bergère se donnant la main. Mais le frontispice de la même page, enluminé d'or, de 29 centimètres de long sur 11 de hauteur, contient les images de la Vierge, de Saint Joseph et des bergers en adoration, prosternés aux pieds de l'Enfant et lui offrant un agneau.

Le bas de la page 44, est terminé par la représentation d'une danse de bergers et de bergères, formant une espèce de farandole, galop si usité en Provence.

L'Adoration des Anges compose la vignette de la page 45, ayant les mêmes ornements que celles qui précèdent.

La lapidation de saint Étienne est figurée à la page 49; au moment où il va être frappé, le Saint lève les mains au ciel, où l'on aperçoit, au coin du médaillon, le Père Éternel et Jésus-Christ tenant sa croix à la main.

Un très-bel ornement, pour la page 56, est la Prédication de saint Jean devant une multitude de juifs et de gentils. La figure de l'apôtre annonce une inspiration divine, l'éloquence sort autant de ses yeux, de ses gestes, de son maintien que de ses lèvres. Le peintre s'y est élevé à la hauteur de son sujet; sa touche est sublime et vient d'en haut.

Les trois Rois, revêtus de leurs riches costumes, accompagnés de leurs suites, se mettent en marche à la page 62, pour venir faire leur offrande au nouveau-né. Ils sont en adoration, à la page 66, aux pieds de Marie, qui tient l'enfant Jésus sur ses genoux.

La page 72 est consacrée à la vignette qui représente Saint Blaise au moment où il prêche au peuple de Sébaste. Saint Blaise, étant le patron de Sainte-Tulle, et sa fête ayant toujours été célébrée avec pompe avant la révolution, il n'est pas étonnant de le voir figurer dans le beau Missel. Une autre vignette représente sa décolation au moment où, revêtu de ses ornements pontificaux, il est à genoux et prie pour ses bourreaux.

Le frontispice de la page 83 nous peint toute la stupeur des gardes que les Pharisiens avaient placés au tombeau, au moment où ils voient Jésus, qu'ils avaient crucifié, ressuscitant et s'élevant avec majesté et avec des rayons de gloire vers le ciel. Son apparition à Magdeleine, sous les traits d'un jardinier, est encore un ornement nouveau de cette page 83. Les deux apôtres, Saint Jean et Saint Pierre se rendent en courant, à la page 90, au tombeau du Christ, et la page suivante, représente les trois Saintes femmes avec des parfums qui venaient voir le tombeau où l'on avait mis Jésus, et sur la pierre duquel l'Ange assis, après l'avoir enlevée, leur dit : *il est ressuscité, il n'est plus ici.*

Une pêche fluviatile est indiquée à la page 94; et celle de 95 est embellie d'un paysage abondant en fruits et en oiseaux aquatiques, symbole d'une copieuse nourriture spirituelle, et physiquement de la terre promise, où l'on voit une riche moisson en tout genre de produits.

On voit dans la vignette de la page 100 un grand

nombre de fidèles s'abreuvant à la source de l'eau de sagesse qui jaillit de la vie éternelle.

La page 106 contient une vignette où la bienheureuse Tullia, en costume romain, robe blanche avec bordures dorées, tient à la main, comme une des vierges prudentes, la lampe de la sagesse allumée.

Son apparition à sa mère après sa mort, lui recommandant de ne pas pleurer puisque Dieu l'avait reçue au nombre de ses saintes vierges, est représentée à la page 108. On voit un grand nombre de ces vierges derrière la Sainte.

Mais les pages les plus brillantes de ce beau livre sont les pages 110 et 111 où l'office de la Sainte, le 21 mai, jour de sa fête solennelle, est entièrement écrit en lettres d'or, rehaussées d'un encadrement semé d'arabesques et d'or, et renfermant neuf petites vignettes qui retracent la vie et la mort de la Sainte.

Le numéro 1, nous représente Saint Eucher, accompagné de ses deux filles Tullia et Consortia, recevant Galla, son épouse, qui descend d'une barque avec voile et banderole, ce qui semble prouver, comme le pensait M. Toulousan, que la Durance était autrefois une rivière navigable, autrement que pour les utriculaires de Calvet.

Au numéro 2, on voit la Sainte en tunique blanche, debout au pied d'un mont scabreux et rembruni qui ne pouvait qu'être l'ancien Mont Mars, *notre Runade moderne*, parlant à son père déjà enfermé dans sa grotte, lui faisant peut-êtres ses adieux, ou recevant de lui des instructions relatives à la perfection et au bonheur de la vie solitaire.

C'est dans le numéro 3 que l'on voit des chasseurs de Cucuron, amenant la Sainte qu'ils ont trouvée en prière dans sa sollitude; le costume de chasse y est complet. On sait par tradition que Tullia, amenée à Cucuron, se déroba miraculeusement, dans la nuit, à ses gardiens et revint à sa crypte de *Tetea*.

Tulle est en oraison, sur le seuil de la chapelle, dans la vignette numéro 4, où diverses personnes à genoux s'unissent à ses prières.

Au numéro 5, Tulle fait sentir des fleurs aux malades et les guérit. La tradition a perpétué ce souvenir jusqu'à nous, et le jour de sa fête, son buste, porté à la procession, est chargé de fleurs; elles sont ensuite distribuées au peuple qui les conserve religieusement.

Un linceuil funèbre indique au numéro 6, que Tulle est morte; on y voit un rayon d'immortalité qui, du haut du ciel, vient se projeter sur elle. Rassemblée auprès de son tombeau, la population de *Tetea* l'arrose de ses larmes, et c'est ce que nous apprend la vignette numéro 7.

C'est dans le numéro 8 qu'on voit un ange présentant à Jésus-Christ la Sainte, revêtue de sa robe d'innocence.

Enfin, dans le numéro 9, la Sainte, s'élevant au ciel, est fixée par la population entière qui, prosternée, l'invoque dans ses ferventes prières et demande sa bénédiction, non-seulement pour elle et pour ses enfants, mais encore pour leurs descendants, chez lesquels la mémoire des bienfaits de la Sainte sera toujours en vénération, et perpétuellement invoquée avec succès dans toutes les calamités publiques.

La vignette de la page 119, où l'on voit Jésus-Christ montant au ciel en présence de ses onze apôtres, est une œuvre d'inspiration sublime. Chaque tête, dessinée à grands traits, exprime tout à la fois et le ravissement de l'âme et l'élan héroïque des cœurs embrasés du feu divin et prêts à cueillir la palme du martyre sur tous les points du globe, en prêchant le miracle de la Rédemption et le renversement des idoles du paganisme.

A la page 122 on ne voit plus que les pieds du Sauveur, le reste du corps étant dérobé à la vue des apôtres par un nuage.

Une vignette de la page 127, consacrée à la fête de la Pentecôte, nous représente Saint Jean à côté de Marie au milieu des apôtres qui tiennent des livres à la main et qui sont en retraite et en oraison dans le cénacle. Mais c'est dans le frontispice de la page 130, tout enluminé d'or, que le Saint-Esprit descend en langues de feu sur tous les apôtres; Saint Jean et Marie y sont encore représentés, levant les mains au ciel, sous les traits d'une inspiration divine.

A l'Introït de la messe de la Pentecôte, on voit la vignette qui met sous nos yeux la Prédication de saint Pierre. On y remarque divers individus de la synagogue, tels que rabbins, scribes et pharisiens, des Parthes, des Mèdes, des Élamites, des Éthiopiens et autres habitants de divers pays, ce qui doit être regardé comme le premier triomphe du don des langues, sous le rapport de la conversion qui y fut opérée sur un si grand nombre de néophytes, qu'environ trois mille se réunirent aux disciples de Jésus-Christ.

La page 140 est illustrée d'une vignette qui représente Melchisedech, roi de Salem et prêtre du Très-Haut, qui vient à la rencontre d'Abraham, victorieux du roi Chodorlahomor qui avait fait prisonnier son neveu Lot. Il le bénit et lui présenta le pain et le vin, ou, selon l'explication des Pères, il offrit pour lui le pain et le vin en sacrifice au Seigneur. Abraham, voulant reconnaître en lui la qualité de prêtre du vrai Dieu, lui donna la dîme de tout ce qu'il avait pris sur l'ennemi, d'où l'on peut conclure que la dîme est un impôt qui date de bien loin, puisque l'exemple en remonte à plus de dix-huit siècles avant Jésus-Christ.

Le tableau de la Cène ou dernier repas que fit Jésus-Christ avec ses apôtres, en mangeant l'Agneau pascal, est d'une suavité de coloris et d'expression remarquable. On y reconnaît l'imitation du faire d'un grand maître et une touche digne d'avoir consacré dans un chef-d'œuvre le souvenir et la solennité de l'institution du pain eucharistique.

La page 161 nous fait apparaître Marie sur son lit de mort, entourée des apôtres et de plusieurs saintes femmes. L'attitude de chaque personnage est grave, silencieuse, et telle qu'il convenait à la circonstance; mais le frontispice, qui, à la page 165, représente son Assomption, est un tableau plein de grâces et d'animation. Les anges enlèvent Marie dans le ciel, au milieu d'un concert exécuté par un groupe d'esprits célestes, munis de toute sorte d'instruments de musique, tels que trompette, basson, violoncelle, mandoline, guitarre, violons et chœurs de petits anges ou chérubins, tenant des papiers de musique à la main ou sur les genoux. La pose de la Vierge, portée sur un nuage, est toute aérienne, et son cortège nous annonce la reine des cieux.

Une vignette, à la même page nous offre une seconde image de l'Assomption. Elle est accompagnée de moins d'éclat et de pompe que celle du frontispice. Quatre anges seulement enlèvent la Vierge. Mais quel tableau!... L'art y brille d'autant plus qu'il est entouré de moins d'ornements. L'admiration, que sa vue excite, est telle, qu'on serait presque tenté de croire que le pinceau de l'Albane, du Guide et du Titien, n'a jamais pu produire rien de plus gracieux et de plus parfait. Le corps de la Vierge, dans sa glorieuse Assomption, semble n'avoir plus rien de terrestre ; elle s'envole, comme une ombre animée d'un souffle divin, sur les ailes d'une puissance surnaturelle, et qui est invisible à nos yeux. Qui pourrait douter un instant que l'artiste, qui a eu une si heureuse inspiration, et une main si habile et si intelligente, n'ait reçu une mission d'en haut à la recommandation de notre jeune Sainte, pour nous laisser un si beau modèle de la Mère des grâces, qu'on n'intercède jamais en vain auprès de son Fils, sauveur et rédempteur du genre humain.

La page 171 nous retrace les symboles caractéristiques des quatre évangélistes avec une grande simplicité et sans ornements. Mais le frontipice de la page 176, consacré à la fête de tous les saints, nous représente les vingt-quatre vieillards de l'Apocalypse, rangés en cercle aux pieds du trône du Très-Haut, qui est peint avec une véritable majesté divine; ils tiennent chacun une couronne d'or à la main ou sur la tête; tous sont revêtus d'une tunique blanche, et forment une espèce d'aéropage sacré, accompagné de toute la splendeur convenable à une pareille solennité

L'Introït de la messe, à la même page, contient un encadrement où figurent divers apôtres, notamment Saint Pierre et Saint Jean, et une cinquantaine de disciples; mais la Trinité est représentée, au haut du cadre, sous les traits du Père, du Fils et du Saint-Esprit; la Vierge et Saint Jean sont à côté; vers le bas Saint Pierre et Saint Paul, tenant une glaive à la main. Au bas et au milieu, est Saint Michel, armé d'une balance et de deux ailes. Un cortége d'anges et d'élus règne tout autour, formant une espèce de chaîne séraphique, et nous donnant une image du ciel.

Mais je ne puis quitter ce beau livre, sans faire mention des beaux vases de fleurs et des corbeilles de fruits qui ornent le bas de quelques pages. L'éclat des couleurs, la délicatesse du dessin, le velouté des corones et le duvet des fruits artificiels y produisent une illusion telle, que l'on croirait à leur approche, qu'on va sentir et respirer l'arome suave des fleurs et des fruits naturels.

La fidélité de l'ancien costume oriental des personnages qui figurent dans les six frontispices tout enluminés d'or et d'arabesques, et dans les vingt-six vignettes également riches en ornementation, y a été scrupuleusement observée. L'artiste, qui a exécuté ce beau travail, s'est distingué surtout par son habilité et sa correction dans le dessin, mais encore par son intelligence dans la distribution et la teinte des couleurs. Son pinceau s'y est monté à l'unisson des sentiments de son âme, et il a visé au beau idéal, toutes les fois surtout qu'il a eu à représenter Saint Pierre, ce prince des apôtres, devenu la pierre angulaire de l'édifice chrétien, quoiqu'en général tous les apôtres y soient dessinés d'une manière toujours grandiose.

L'église paroissiale de Sainte-Tulle était desservie, avant la révolution, par un curé et deux vicaires, et dédiée à l'Assomption de la Sainte Vierge, sous le titre de Notre-Dame de Beauvoir. Le prieuré était possédé ci-devant par des prieurs commendataires qui relevaient de l'abbaye de Saint-André de Villeneuve-lez-Avignon. M. de Lafiteau, évêque de Sisteron, le réunit au séminaire de Lurs, ainsi que la cure, sous la redevance annuelle d'une paire de burettes d'argent, évaluée à 100 livres, en faveur de l'abbé de Saint-André, et de 80 livres, en faveur des religieux bénédictins de la même abbaye. Les nouveaux prieurs s'engagèrent à entretenir, à demi-pension, dans leur séminaire, un enfant de Sainte-Tulle, pendant le cours de ses classes d'humanité.

Cette église, à en juger par l'aspect de sa façade et la forme de sa porte d'entrée, paraît être contemporaine de celle de Saint-Sauveur de Manosque, déjà bien ancienne, puisqu'elle a été consacrée par Ranulphe, évêque de Sisteron, en 1372. Leurs façades frustes et leurs portes principales présentent le même style à demi ogival, sans aucun autre ornement d'architecture, qu'un ceintre à double boyau, dont la pierre a un grain moins poli encore par le ciseau que par le temps. On dirait que le même artiste a présidé à leur construction, si toutefois *magna licet componere parvis*.

L'église de Sainte-Tulle, quoique ayant dû être ruinée en partie, lors du saccagement général du pays, on peut croire néanmoins qu'elle ne fut pas entièrement détruite ; ce qui le prouve, c'est l'achat fait par la commune, en 1472, d'un coin de terre, situé au-dessous de l'église paroissiale, et appartenant à Mathieu Bouquet. La date de cet acte indique évidemment que ce n'est pas vingt-cinq ans après la réunion de quinze habitants appelés par le seigneur pour repeupler le pays, que ceux-ci auraient pu bâtir une église avec le titre de Paroissiale, lorsqu'une très-petite chapelle aurait été plus que suffisante, à cette époque, pour le service du culte ; d'où je me crois autorisé à conclure que l'ancien édifice sacré avait survécu à la dévastation générale, quoique ensevelie peut-être sous des ruines.

C'est en 1730 que la voûte de cette église a été construite par un simple maçon, appelé Villemus, homme qui, quoique obscur, était doué néanmoins d'un vrai génie architectural. Son œuvre réunit à la légèreté, à l'élégance, la solidité et le bon marché, puisqu'elle ne coûta que la

[1] A l'appui de l'ancienneté de notre église, je puis attester avoir vu, avant la Révolution, le ban des marguilliers de la Sainte Vierge, porter la date de 1010. Le bois était tout vermoulu et percé à jour comme un crible. Sa poussière archéologique serait aujourd'hui d'un grand prix pour représenter les débris d'une existence de plus de huit siècles.

modique somme de 2000 livres, somme bien minime si on la compare à ce que coûtent nos constructions modernes.

Les âmes pieuses peuvent être aggrégées à une confrérie de pénitents Blancs, sous l'invocation de Notre-Dame-de-Piété, dont la création remonte à une époque très-reculée, mais dont l'acte de naissance a été détruit par la Révolution. Cette confrérie assiste aux processions des grandes fêtes, aux enterrements, chanter l'office tous les dimanches et forme une réunion de bons chrétiens. Sa petite chapelle est décorée, le Jeudi-Saint, avec toute la pompe et le bon goût que comporte la localité. La procession qu'elle fait autour du village, le Jeudi-Saint, à 11 heures du soir, avant la Cène ou le lavement des pieds fait par le recteur à douze jeunes enfants, au milieu des chants adoptés à la circonstance, et qui retentissent dans les rues, à la lueur des flambeaux, et sous les feux étincelants de la voûte céleste, a quelque chose qui ranime l'âme, et la pénètre des sentiments qu'inspire l'auguste cérémonie dont l'anniversaire rappelle aux fidèles de si touchants souvenirs, en ouvrant leurs cœurs à un doux espoir, puisqu'on sait et que l'on doit croire que le silence de la nuit donne, en quelque sorte, à la prière, des ailes plus rapides pour monter au ciel.....

Enfin, je rapporterai ici que c'est dans un voyage fait en Grèce, il y a trois ans, avec une mission scientifique du gouvernement, que M. Didron, un des plus savants archéologues du siècle, ayant eu l'occasion de voir à Marseille, l'Antiphonaire de Sainte-Tulle, émit spontanément ce cri d'admiration : *nous n'avons rien d'aussi beau à Paris*. Malgré une appréciation si élevée et qui semble, en quelque sorte, devoir appeler le fameux *claudite rivos* du poëte latin, j'ai lieu de croire qu'on lira avec plaisir la lettre qui m'a été écrite sur le même sujet, par le célèbre M. Méry, conservateur de la bibliothèque de Marseille, si connu par ses travaux littéraires et son grand talent poétique. Il y caractérise en peu de mots, toute la beauté et la richesse d'un trésor aussi inappréciable, et dont la conservation, dans nos derniers temps orageux, a eu quelque chose de miraculeux [1].

Monsieur et cher Collègue,

Je vous remercie de m'avoir fait connaître et admirer le magnifique Antiphonaire dont Jacques Bremond fit présent à la paroisse de Sainte-Tulle. Ce manuscrit, en beau velin, qui se recommande surtout par les délicieuses miniatures qui en font un admirable chef-d'œuvre et un véritable trésor.

[1] Ce qui donne d'autant plus de prix à ce beau manuscrit, c'est qu'au lieu d'être écrit sur parchemin, qui n'est qu'une peau de mouton préparée, il est au contraire sur velin qu'on confectionne avec la peau de veau.

L'artiste, qui a mis tant de talent et de grâce dans ces petits tableaux d'un genre exquis, a surtout rendu avec une vérité surprenante de coloris et de forme, les fruits et les fleurs grouppés en charmantes vignettes, au bas de plusieurs feuilles. Ce manuscrit, si magistralement et si somptueusement exécuté, rappelle cette époque déjà bien éloignée, où la religion et l'art se prêtaient un merveilleux appui. Votre paroisse doit s'énorgueillir de posséder ce trésor, à défaut d'une de ces vénérables congrégations qui ont disparu. Ces richesses d'un autre âge devraient toujours trouver des possesseurs aussi éclairés et aussi honorables que vos compatriotes.

Je suis, etc.

Signé : MÉRY.

Marseille, 25 janvier 1843.

Mais à l'appui des hauts témoignages qui précèdent, je n'ai garde d'oublier celui de M. le professeur Lordat qui, en octobre 1835, me fit l'honneur de venir déjeûner chez moi, à Sainte-Tulle, à son retour de Digne, où il avait été présider le jury médical. Je crus lui faire plaisir et lui procurer une vive satisfaction, en sa qualité d'amateur des beaux-arts, et de savant si distingué par ses connaissances iconographiques, en lui montrant l'Antiphonaire de notre paroisse. Le voir et l'admirer fut un coup électrique d'enthousiasme excité par la vue de ce beau livre, enthousiasme qui se conçoit facilement lorsqu'on réunit, comme lui, à l'initiation des mystérieux ressorts de la physiologie humaine, l'étude, l'amour et la passion de l'art. L'opinion de ce professeur doit avoir d'autant plus de prix aux yeux des connaisseurs, qu'elle se rapporte à un homme que le célèbre Barthez a institué, en mourant, l'héritier-interprète de sa doctrine, et le conservateur de ses manuscrits.[1]

Pour compléter ce chapitre qui contient déjà des détails si précieux, je crois devoir rapporter encore le texte latin de la vie de Sainte Consorce, relatif à l'apparition de sa sœur Tullia, après sa mort, à sa mère qui la pleurait, et que l'Église a consacré à la mémoire de notre Sainte Patronne, dans l'introït de la messe de sa fête solennelle, le 21 mai, en ces termes : *dixit beata Tullia matri suæ cur me velut amissam luges quam Dominus in Consortium sanctarum virginum introduxit.*

[1] Voyez son excellent ouvrage sur l'*Iconologie médicale*, *Montpellier*, 1833.

CHAPITRE XVII.

Documents historiques inédits sur la peste de la commune de Sainte-Tulle en 1720. — Conduite héroïque des magistrats et d'un grand nombre de citoyens dont le dévouement peut être mis en parallèle avec le zèle et le courage des anciens échevins de Marseille. — Résignation chrétienne de la population si cruellement moissonnée par le fléau. — Tribut de reconnaissance et d'admiration, payé à la mémoire de tous ces bienfaiteurs de l'humanité.

Parmi les différentes pestes qui ont affligé Marseille, il n'y en a sans doute jamais eu de plus meurtrière que celle que le capitaine Chateau, venant de Seyde, y apporta en mai 1720, et qui fit périr quarante mille individus. Loin de borner ses ravages dans cette ville, la contagion envahit successivement cinquante-neuf communes de la Provence et y fit également de si nombreuses victimes, que la table nécrolomoïque qu'en a donnée Papon, les porte à deux cent quarante-sept mille huit cent quatre-vingt-neuf.

Au nombre des pays infectés, se trouva le petit village de Sainte-Tulle, mon pays natal; ses malheurs furent si grands, que, dans le tableau que je vais en tracer, je suis sûr d'émouvoir quelques âmes sensibles. En effet, on lit dans les registres des délibérations de la commune, que, dans le conseil général tenu le 4 août 1720, les consuls annoncèrent qu'il n'était que trop vrai que la peste était à Marseille, et qu'un arrêt du Parlement défendait tout commerce avec cette ville, et de recevoir qui que ce fut sans être muni d'un billet de santé; qu'en conséquence, ils jugeaient nécessaire, le pays étant ouvert de tous côtés, de le fermer par des barrières, et d'établir une garde bourgeoise de six hommes, qui se releverait à tour de rôle. Ces deux propositions furent adoptées à l'unanimité. MM. Alphéran, premier consul, et Depieds, membre du conseil, furent nommés intendants de santé. Ces premières mesures de prudence auraient pu être sans doute une garantie contre le fléau, si son venin n'eut pas déjà pénétré dans le pays. Voici ce que la tradition nous apprend à cet égard:

Dans les premiers jours du mois d'août, la nommée Anne Bonnet, femme de Jean-Baptiste Criquet, demeurant à la campagne dite le Vaneiron, à un quart d'heure du village, et située sur le côté septentrional de la colline de Chafère, au pied de laquelle coule le ruisseau de ce nom, fut à Marseille chercher un nourrisson. A cette époque, il y circulait déjà des bruits de peste;

mais le blocus n'était pas encore établi. La divergence de l'opinion médicale sur le caractère de la maladie qui régnait, avait laissé propager la contagion, non-seulement dans la ville, mais encore au dehors. Anne Bonnet, revint de Marseille avec l'enfant qu'elle devait nourrir. Trois jours après, c'est-à-dire, le 7 août, ils succombèrent tous deux. Une mort aussi prompte et dans des circonstances aussi critiques donnait des inquiétudes. Les hommes éclairés et prudents du pays, craignant qu'il ne put arriver quelque grand malheur si la sépulture était pratiquée comme à l'ordinaire, proposèrent, pour y obvier, de fermer et clore la campagne et d'y laisser les deux cadavres; mais le curé Deferre, qui ne tarda pas à devenir lui-même une des victimes, s'y opposa en disant : *morte la bête, mort est le venin.* Cet avis plus qu'imprudent, et qui devait avoir des suites si funestes, l'emporta sur celui des gens sensés. L'inhumation fut faite selon l'usage, et les corps furent introduits dans l'église. Dès le lendemain et surlendemain, 8 et 9 août, on compta deux décès sans caractère pestilentiel apparent ou prononcé; point de morts jusqu'au 30, ce qui commença à rassurer les esprits déjà assez alarmés, et fut regardé comme d'un assez bon augure. Mais le 31 il survint un nouveau décès; il n'y en eut plus ensuite jusqu'au 4 septembre, jour néfaste qui ouvrit la nécropole des pestiférés, pour ne plus la voir fermer qu'au 14 mars suivant. On voit ici que la contagion a marché en tâtonnant, par des cas isolés et

Autographe de tous les signataires du 29 septembre.

alpheran comm + Deferres Vic. archimbaud Louise Vaugier

Daumas Marguilier Archimbaud michel ange cap.

anne ferey. Père françois de salon, Cap. assistant. Martinez

J. fillol michel ange d'aix, son compagnon

Esprit Geyras Jerdand Archimbaud Lavier E. Hermand

Blanchard Royere

E. Reynaud

J. Queyras M. Marmet Blanchard

Thomas arnoue H. Saufeyron

Cl. Reinard Sardet

Dauron

p. sauteyron E. Marguiller

Blanchard Greffier J. J. Daumas h. filhol

p. filhol honorade allemand

Signatures données en Santé ; Les mêmes des Moribonds.

Micrual

Deferres Vic. Deferres Vic

ressources pour sa subsistance, que dans le salaire qu'elle reçoit de son travail manuel et agricole. Or, en temps de peste, y a-t-il d'autre travail pour le menu peuple, que l'ensevelissement des morts.....

L'imagination la plus sombre ne pourra jamais faire un tableau fidèle d'une époque aussi lugubre, et en retracer le déchirant souvenir sous l'impression de l'épouvante et de l'horreur qui en formèrent le caractère dominant. L'aspect de Marseille a dû être aussi à la même époque, bien affligeant et bien lamentable, vu sa grande population; mais elle possédait de grandes fortunes dans son sein; elle recevait des secours abondants du Pape et du Bey de Tunis; la terre et la mer pouvaient l'approvisionner. En revanche, le chétif village de Sainte-Tulle, dans son isolement et son abandon, n'avait pour compagne que la misère et pour refuge que le tombeau. Quel spectacle, en effet, que celui où l'on croit voir levé et suspendu sur toutes les têtes le glaive flamboyant de l'ange exterminateur; où le père meurt dans les bras de son fils, le fils dans les bras de son père, où les membres d'une même famille descendent ensemble ou séparément dans la même fosse; où l'on voit enfin tomber les victimes comme les épis sous la faux du moissonneur; ne rencontrant à chaque pas, dans les rues et sur les places publiques, que des convois funèbres, mornes et silencieux, les chants de l'église ayant cessé, et le son lugubre de la cloche au tintement sépulcral ne se faisant plus entendre pour ne pas effrayer les vivants qui demain seront morts!... C'est dans des circonstances aussi calamiteuses que les magistrats et tous les citoyens appelés à leur aide, ont dû s'imposer des devoirs impérieux de vigilance, de sollicitude paternelle, de haute salubrité, en montrant un courage supérieur aux circonstances, par le déploiement et la fermeté d'un caractère qui, appuyé d'une police rigide mais juste, eut le pouvoir de maintenir la tranquillité publique en inspirant tout à la fois à la multitude, l'amour, la crainte et le respect. Quelle tâche ont donc eu à remplir les magistrats d'un très-petit village, lorsqu'ils ont été appelés à combattre corps-à-corps un monstre aussi horrible que la peste; où il a fallu secourir les malades, pourvoir à la subsistance des bien portants encore, calmer les alarmes populaires, disposer à l'espérance, et cela sans appui, sans secours quelconque, lorsqu'ils auraient eu besoin d'en recevoir d'extraordinaires, étant bien reconnu que le courage, le zèle et la bonne volonté sont toujours des moyens insuffisants en pareille circonstance, sans l'assistance si puissante des écus...

Dans un conseil général, tenu le 29 septembre au-devant de la grande porte de l'église paroissiale, conseil auquel assistèrent tous les habitants non encore atteints de la contagion qui devenait de jour en jour plus meurtrière, quoiqu'elle ne fut pas encore parvenue à son plus haut période de violence et d'intensité, la consternation étant répandue sur tous les visages, les consuls, les sieurs Gaspard Alphéran et Gaspard Dauvergne, d'une voix éteinte et sanglotante représentèrent « que toutes les précautions humaines n'ayant pas pu nous garantir du fléau de la peste qui désole et détruit notre misérable lieu, et n'ayant pas d'autre voix pour fléchir la colère du Seigneur si justement irrité contre nous, que de nous humilier devant lui et d'intercéder Sainte Tulle, notre patronne, pour en obtenir sa miséricorde, ils sont d'avis de vouer une procession générale, annuelle et perpétuelle, à la chapelle de notre dite patronne, qui se fera le dimanche après le vingt-et-un de septembre de chaque année, en la faisant précéder d'un jeûne qui s'observera le samedi, la procession devant avoir lieu le dimanche au matin, pour chanter une grande messe à la dite chapelle, à laquelle assisteront tous les prêtres de la paroisse. Tous les magistrats, une personne au moins de chaque famille, seront obligés d'y assister pieds-nus, la corde au cou et un flambeau à la main; les premiers communieront à cette messe; s'il manquait quelqu'un à cette procession, le chef de famille qui ne s'y serait pas trouvé ou qui n'aurait pas eu le soin de faire venir quelqu'un de sa part, sera condamné à l'amende pécuniaire de vingt francs, à laquelle il sera contraint par voie de saisie et vente de ses meubles, jusqu'à due concurrence, pour être employée aux réparations de la dite chapelle et à la diligence de MM. les consuls, lesquels sont aussi obligés par le même vœu, d'assister nus-pieds et la corde au cou. à toutes les processions qui se feront à la dite chapelle, le jour et fête de Sainte-Tulle, et d'y communier aussi, sous peine d'être déclarés vouloir donner un scandale volontaire; et pour attirer la dévotion de chacun, les fanfares, qu'on avait coutume de faire le dit jour et fête de Sainte-Tulle, cesseront à l'avenir, ne convenant pas à des chrétiens de deshonorer leur patronne par de semblables folies, mais d'employer ce saint jour à la prière, espérant que le Seigneur, nous voyant contrits et humiliés devant lui, nous délivrera du fléau qui nous frappe [1].

» Le conseil a unanimement, en levant la main au ciel, et demandant chacun de tout son cœur pardon à Dieu de tous ses péchés, voué et promis de faire annuellement et perpétuellement au jour marqué la procession dont mention est faite ci-dessus, et à la fin, de se con-

[1] On avait déjà vu saint Charles Borromée et M. de Belzunce marcher nus-pieds et la corde au cou dans des processions, pour désarmer la divinité, lors des mémorables pestes de Milan au quinzième siècle, et de Marseille, en 1720. La délibération de la commune fut mise à exécution pendant trois ans; mais M. de Lafiteau, étant venu faire sa première visite pastorale en 1724, jugea à propos de supprimer tous ces signes extérieurs de religion, comme sujets à de grands inconvénients, voulant qu'on se bornât à faire ce jour-là une procession ordinaire à la chapelle de Sainte-Tulle, où l'on chanterait la messe *pro vitenda mortalitate*, ordonnant de plus que chaque jour de fête chômée de la Sainte-Vierge, on ferait une autre procession, au retour de laquelle le curé en chappe réciterait le chapelet devant le Saint-Sacrement pour commuer le vœu que la communauté avait fait durant la peste.

former entièrement à la proposition de Messieurs les consuls, pour la solennité de ce vœu; il a fait apposer le sceau de la commune, a signé qui a su, ayant de plus voué de faire payer dix livres à tous ceux qui travailleraient le dimanche; quelque pressant que fut l'ouvrage; la même peine devant s'appliquer aux maîtres qui feraient travailler leurs ouvriers ou domestiques. La lecture du présent vœu sera faite en ce même lieu (devant la paroisse) par le greffier de la commune, au commencement de la procession du jour de Sainte Tulle ».

Cette délibération et ce vœu ont été revêtus de quarante-cinq signatures, parmi lesquelles on compte celles de trois demoiselles, Marie Archimbaud; Louise Rougier et Honorade Allemand; quelques jours après, un grand nombre des signataires fut enlevé par la peste, entre autres, le second consul, Gaspard Dauvergne, le curé Deferre et le père de Salon, capucin qui venait du couvent de Manosque dire la messe tous les dimanches à la paroisse, avant la peste.

Cette délibération, témoignage éclatant de la piété de nos pères, quoique largement modifiée, plusieurs années après par M. de Lafiteau, ancien évêque de Sisteron, comme on l'a vu, n'attestera pas moins dans tous les temps, que ce vœu solennel, écho plaintif d'âmes gémissantes, a été un cri spontané de douleur et de miséricorde, poussé vers le ciel, pour implorer la miséricorde divine, en faveur d'une population qui semblait destinée à descendre toute entière dans la tombe, si la main du Très-Haut ne fermait l'abîme qui avait déjà dévoré et englouti tant de victimes....

Cependant le fléau continua progressivement à sévir avec violence jusqu'au 14 octobre; mais le 3 fut le jour le plus sinistre; on y compta dix-sept victimes. Depuis cette funeste hécatombe, on vit les décès diminuer sensiblement; novembre et décembre ne furent pas très-meurtriers; on ne versa aucune larme en janvier; mais février présenta encore deux morts, et le 4 mars, clotura enfin, par un dernier décès, notre table nécrologique, après sept mois et sept jours d'inscriptions lamoïdiennes. Qu'on se figure quelle a dû être la consternation et le deuil général, lorsqu'on a vu une population de huit cent dix individus être réduite à 474; c'est-à-dire, que quatre cent vingt-six victimes de tout âge, de tout sexe et de toute condition ont été dévorées dans un si court intervalle, par le *Léviathan* pestilentiel! Quel tableau que celui qui nous représente quarante-cinq familles ou maisons anéanties; dix-neuf morts dans les branches de la seule famille des Roland; seize dans celle des Filhol; huit dans celle des Dauvergne; quatre dans celle des Blanchard; enfin dans celle d'Arnoux, trois adolescents succombent le même jour, appartenant au même père!

On conçoit sans peine que le jour qui laissa poindre aux yeux de ceux qui avaient survécu, les premiers rayons d'espérance, éclaira aussi aux yeux des magistrats les traces profondes de la misère publique, et l'ère nouvelle de la sollicitude qui allait commencer pour eux. Qu'on se rassure : ceux qui ont été si vigilants, si intrépides sur le champ de bataille, en affrontant la mort, triompheront de tous les nouveaux obstacles, et sauront pourvoir à tous les besoins.

Dès le 9 mars, un bureau charitable, composé de MM. le vicaire de la paroisse, les consuls modernes, Jean St.-Donat, Esprit Eymar, Honoré Daumas, Jean-Baptiste Blanchard, Joseph Blanchard, fut établi avec mission de *pourvoir à toutes les aumônes nécessaires, enfin à tout ce dont les pauvres auraient besoin.* On voit ici que l'esprit, qui a été si sublime en héroïsme et en prévoyance dans le temps de la tempête, va revivre avec une nouvelle vigueur avec non moins de zèle et d'activité, dans le calme, pour accomplir de nouveaux devoirs. Ce bureau, dès son entrée en fonction, trouva des moyens de soulagement dans les aumônes de MMgrs. l'archevêque d'Aix, et l'évêque de Sisteron, qui envoyèrent à la commune, pour les pauvres, le premier 200 livres, et le dernier 300.

Sous le poids de ce nouvel office, toujours d'une si pénible et si douloureuse exécution, quand les secours ne sont pas abondants, et surtout quand ils sont beaucoup au-dessous des besoins, quelle force surhumaine, n'a-t-il pas fallu que Dieu ait donné, à de pauvres villageois, à qui la loi et l'humanité avaient spécialement confié le salut public, pour avoir mérité, dans cette redoutable épreuve, d'être comparés aux hommes dont le courage et le dévouement héroïques sont devenus, sur un plus grand théâtre, des titres assez glorieux, pour être légués par l'histoire, à l'admiration de la postérité. Oui, le village de Sainte-Tulle a eu, dans ses magistrats, ses Estelle, ses Dieudé, ses Moustiers; son Belsunce, dans son curé Archimbaud; son chevalier Rose, dans son commandant Alphéran; son Desgenettes enfin, dans son médecin, Albert Archimbaud, frère du curé. C'est ainsi que le célèbre Fodéré, dans son article *Peste* du *Dictionnaire des sciences médicales*, s'écrie avec enthousiasme : « Avant de quitter le village de Sainte-Tulle, » je ne puis m'empêcher d'exprimer l'émotion que j'ai » éprouvée, par la lecture des détails de cette peste, » qui, sur 950 habitants, en fit périr 426, et où sont » consignés le courage héroïque des magistrats de cette » petite commune, et les peines qu'ils ne cesserent de » se donner avec les plus faibles moyens, pour en arrê- » ter le cours. Une colonne, érigée à Marseille, au » haut de la rue Paradis, par les soins d'un préfet » bienfaisant, feu Charles Delacroix, conserve les noms » des citoyens généreux qui se dévouèrent dans la peste » de cette ville; que la mémoire de leurs émules soit » pareillement honnorée dans le *Dictionnaire des scien-* » *ces médicales*, et passe à la postérité. Parmi plusieurs » noms des habitants de Sainte-Tulle qui composaient » le bureau des intendants de santé et celui de police,

» se distinguent pareillement les deux consuls, Étienne
» Sauteyron, les deux frères Archimbaud, l'un curé,
» l'autre chirurgien, et Blanchard, notaire. Ces noms
» sont pour moi plus vénérables que ceux des conqué-
» rants. »

Indépendamment de tous les éloges que la reconnaissance publique et l'humanité doivent donner dans tous les temps aux magistrats, aux membres de l'intendance de santé, du bureau de police et du bureau charitable, dont j'ai déjà mentionné les noms, ce qui concerne leur zèle et leur dévouement, suffirait seul à leur éloge, s'ils n'étaient déjà élevés à un si haut degré d'estime dans le cœur et le souvenir de leurs concitoyens. Je ne puis m'empêcher de retracer ici quelques traits épisodiques de ce drame funèbre. Les deux frères Archimbaud, et Blanchard, notaire, ont tous les trois rempli leurs fonctions, auprès des pestiférés, avec autant de tranquillité d'esprit et de sang-froid, que s'ils avaient été auprès de malades ordinaires. Nul n'est mort sans confession, et sans les secours de l'art, qui n'ont été hélas que très-impuissants, vu la nature du mal. Les dispositions testamentaires ont été reçues sur les lits même des mourants, par Blanchard. Ces trois héros de l'humanité ont été exempts de la contagion, quoique ce dernier ait perdu, le même jour 14 octobre, ses deux garçons déjà adolescents; et que ce père infortuné, ait été obligé de porter les deux cadavres sur ses épaules, pour aller les enterrer sous un gros noyer, planté à quelques cents pas de sa maison, rue de la Combe, dans la terre dite le Pont, appartenant au seigneur du lieu. Dans ma jeunesse, j'ai vu ce noyer encore très-verdoyant. Quelle épouvantable position, et quelle force d'âme pour un père, réduit à une telle extrémité ! Pour le concevoir, il faut se reporter, par la pensée, au temps de l'horrible catastrophe, et se souvenir que la religion, qui inspire et soutient le courage de tous ceux qu'anime le véritable esprit du christianisme, élève toujours dans le malheur, l'homme au-dessus de l'humanité. Ainsi nos pères ont vu, trente ans après ce triste évènement, ce vénérable vieillard, à la taille petite, mais au cœur vaillant et généreux, verser des larmes de sang, lorsqu'il racontait, sur la place publique, les tristes détails d'un évènement marqué au type d'un si lamentable souvenir. Ne faut-il pas reconnaître ici, un effet tout providentiel, dans la conservation de cet homme de bien, qui était l'âme de l'administration et son intrépide et vigilant conseiller ? Est-il dans l'ordre de la nature, qu'un homme qui a écrit, sur le lit même des pestiférés, leurs dispositions testamentaires ; qui a remis sa plume entre leurs mains défaillantes, et l'a reprise impunément, quoique imprégnée de la sueur miasmatique des pestiférés ; qui, enfin, a été en outre si cruellement frappé, dans sa famille, par le point le plus sensible, à des entrailles paternelles, n'ait pas été plus susceptible que tout autre, d'être atteint de la contagion, et ne soit mort que trente-cinq ans après. Les amateurs excentriques d'autographes pourraient être satisfaits, s'ils avaient sous les yeux les signatures griffonnées de plusieurs pestiférés mourants, apposées au bas de leurs testaments. C'est là où l'on commence à voir, dans une écriture tremblotante, et dans des lettres pour ainsi dire hyéroglyphiques, le premier indice de l'atteinte profonde que la contagion exerce sur l'action des organes déjà à demi paralysés des moribonds, par le retour à son origine, du souffle divin qui les avait, jusques-là, si miraculeusement animés. J'ai montré ces signatures, en 1828, au docteur Pariset, au moment où il allait en Égypte avec une mission scientifique, pour y observer la peste, en connaître l'origine, et indiquer les moyens hygiéniques de police médicale propres à en prévenir le renouvellement, et partant son importation. A la vue des ravages de l'ennemi qu'il allait chercher et combattre dans son pays natal, son âme, quoique vivement émue, et sous l'agitation d'une espèce de commotion électrique, loin de lui inspirer des craintes, pour ses destinées futures, ne fit au-contraire que ranimer son zèle pour les progrès de la science et le bien de l'humanité, en s'occupant de redonner à la terre des Pharaons son ancienne salubrité.

Sous le rapport médical, je ne dois point oublier de rappeler ici l'observation d'un frère capucin, malade de la peste, auquel son supérieur, le père François de Salon ordonnait, en vertu de la sainte obédience, de boire tous les matins un verre de son urine; la confiance en ce remède, ou le remède lui-même, opéra la guérison. Mais le bon Père, tombé à son tour malade, refusa de prendre le bienfaisant verre d'urine, et mourut; le frère n'ayant pas eu le pouvoir de lui ordonner, au nom de la sainte obédience, la boisson qui lui avait été si salutaire. Ici se présente la conservation miraculeuse du jeune Claude Guérard, dit Marquis, qui, allaité par sa mère morte de la peste, fut enlevé, quoique vivant, du lit mortuaire, et placé par les *corbeaux* dans la même bière que la défunte, sous le prétexte qu'il faudrait bientôt y revenir; une voisine, mue par un louable sentiment d'humanité, retira ce pauvre enfant, sinon des liens de la mort, du moins du seuil de la tombe, en prit soin et l'éleva. Je l'ai vu, ce vénérable vieillard, travaillant encore la terre à l'âge de quatre-vingt-quatre ans, quoique dans l'aisance, et racontant avec gaîté l'anecdote qui le conservait, d'après le témoignage de la femme qui l'avait sauvé.

Sous le rapport de l'hygiène, je dirai que les habitants qui, en quittant le foyer de l'infection, c'est-à-dire le village, furent s'établir dans des cabanes, aux quartiers élevés de Piétourouse et du Collet-Pointu, furent à l'abri de la contagion; tandis que ceux qui s'arrêtèrent au-dessous, aux quartiers de St.-Pierre et du *Tor*, étant exposés aux effluves des marais de Corbières, furent tous promptement atteints et périrent.

Je dois taire ici le nom d'un homme qui, animé d'un véritable esprit satanique, courait toutes les nuits, appliquer aux tuyeaux des fontaines et aux portes de divers habitants, les emplâtres qui avaient été posés sur les bubons et les pustules charbonneuses des pestiférés. Cette conduite atroce ayant été signalée à M. D'Argenson, commandant en chef les troupes du blocus, ordonna de faire feu sur cet infâme, s'il était pris en flagrand délit. Connaissant cette décision comminatoire, ce monstre se retira à la tuilerie, près la Durance, qui se trouvait au voisinage d'un marais, connu sous le nom ancien et vulgaire *de Sagnas*, marais qui n'existe plus depuis 1746, parce qu'il était formé par l'eau de la fuite du moulin à farine, et que cette eau est conduite aujourd'hui, par un fossé, jusqu'à la Durance. Là, agité par la crainte ou par le remords, il périt, le troisième jour de son exil, du mal dont il avait été toujours exempt, quoiqu'il eut malicieusement cherché tant de fois à le propager, par des moyens dont le souvenir a attaché pour toujours son nom au pilori de l'infâmie.

La première mesure que prirent les nouveaux consuls, Étienne Sauteyron et Joseph Aillaud, nommés le 26 décembre 1720, fut un emprunt de 500 livres, pour subvenir à des besoins urgents, les fonds de la commune et de la charité publique étant entièrement épuisés. Le 9 mars 1721, un conseil de santé, composé de MM. les consuls, du sieur Albert Archimbaud, François Filhol, Jean-Baptiste Blanchard, Joseph Martin, fut nommé, avec la mission de faire parfumer une seconde fois les maisons, nettoyer les rues, faire fermer toutes les avenues du lieu, comme on l'avait fait avant la contagion, et d'en instruire M. le marquis d'Argenson, commandant les troupes sur le Verdon et la Durance, afin de pouvoir sortir du terroir, et vendre les denrées qui se détérioreraient sans cette permission. Une nouvelle assemblée, tenue sur la place publique, ajouta au nombre des membres du bureau de santé, les sieurs Esprit Eymar, Honoré Daumas et Jacques Ducros, et les autorisa à faire payer l'amende de six livres à tous ceux qui contreviendraient à leurs réglements. Nul doute que ce ne soit les différentes mesures de salubrité, prises par ce bureau, qui déterminèrent M. le marquis D'Argenson, à rendre, de son quartier-général de Manosque, le 5 juillet 1721, une ordonnance, pour la désinfection générale de Sainte-Tulle, et dont la teneur suit :

« Les consuls du lieu de Sainte-Tulle, nous ayant fait représenter que la contagion a heureusement fini dans ledit lieu et dans son terroir, depuis plus de trois mois, et que, depuis ce temps-là, aucun de ses habitants n'a été atteint de la peste, ni même soupçonné ; que l'état sanitaire, au lieu d'avoir paru chancelant ou suspect, est devenu chaque jour meilleur ; ce qui nous est confirmé par le témoignage public et par les assurances que nous en donne le sieur de Mazade, commandant audit lieu ;

» Étant d'ailleurs informé que dans ledit lieu, on a brûlé tous les meubles et hardes capables d'entretenir l'infection, et que l'on a parfumé, avec beaucoup de circonspection, les maisons et les lieux où il y a eu des pestiférés; que, d'ailleurs, leurs quarantaines de maladie et de santé sont finies avec toute sorte de succès, ces considérations nous détermineraient tout-à-fait à ôter le blocus du lieu, sans aucune autre formalité, si nous ne comprenions que, dans une pareille conjoncture, l'on ne peut pas agir avec trop de mesure et de précaution; c'est pourquoi nous avons résolu d'envoyer un médecin et un chirurgien sur les lieux, pour faire procéder à une seconde désinfection, de la manière ci-après marquée; et, à cet effet, nous avons commis les sieurs Fabre, docteur en médecine, et Martin, maître en chirurgie, de la ville de Manosque, pour cette expédition;

» 1° Nous ordonnons auxdits médecins et chirurgiens, de se rendre à Sainte-Tulle, le sixième du présent mois, où ils seront conduits de la barrière;

» 2° Avant que de procéder au fait de cette commission, le viguier ou le premier consul dudit lieu, en cas d'absence du premier, assemblé avec les intendants du bureau de santé, et en présence desdits médecin et chirurgien, l'un d'eux fera prêter le serment aux consuls et à tous les officiers municipaux présents, qu'ils aient à dire la vérité, lorsqu'ils seront interrogés par lesdits commissaires, soit pour être informés de tout ce qui a été pratiqué pour la désinfection, et de tout ce qui peut leur donner une connaissance exacte du véritable état du lieu ;

» 3° Les commissaires feront une visite régulière de toutes les maisons dudit lieu, de celles des campagnes, des infirmeries et autres endroits où il y a eu des pestiférés, et ils les feront parfumer avec toute l'exactitude possible ; et si par hasard, quelques hardes ou meubles suspects avaient échappé à la connaissance des officiers municipaux dudit lieu, ils les feront brûler sans complaisance, et dresseront procès-verbal, dans les formes, de tout ce qu'ils observeront par rapport à la susdite infection, sans rien omettre, afin que nous puissions statuer ce que nous trouverons convenable ; et ils feront mention du temps qu'ils auront vaqué pour ledit lieu, dont ils seront payés par la communauté de Sainte-Tulle, à raison de vingt-livres pour le médecin, et de dix livres pour le chirurgien.

» Et comme il s'agit ici d'une chose bien essentielle, et d'une conséquence infinie, lesdits médecin et chirurgien prêteront serment entre nos mains de vaquer et agir, dans leur commission, avec secret, fidélité, attention, régularité, exactitude et en gens d'honneur.

» Au retour de leur commission, ils ne communiqueront avec personne, et ils iront à un endroit du terroir de Manosque, que nous leur indiquerons, pour y rester jusqu'à nouvel ordre. »

C'est le 7 juillet, que MM. les commissaires Fabre,

médecin, et Martin, chirurgien, partirent de Manosque pour venir à Sainte-Tulle, après avoir entendu la messe, et demandé au Saint-Esprit les lumières nécessaires pour la découverte des hardes infectées, qui pourraient avoir été cachées par avarice ou par indigence. Arrivés à la barrière, ils y trouvèrent M. de Mazade, commandant les troupes du blocus, les consuls de Sainte-Tulle, et quelques membres du bureau de santé, qui les conduisirent à la maison du sieur Robert avocat, qui avait resté fermée pendant son absence.

Le même jour, lesdits commissaires se rendirent, à quatre heures après midi, à la commune, où étaient présents MM. le viguier, les consuls et les intendants du bureau de santé, et leur communiquèrent l'ordonnance de M le marquis d'Argenson. Après avoir reçu le serment de MM. le viguier, les consuls et les membres du bureau de santé, éxigé par ladite ordonnance; M. Fabre leur fit sentir toute l'importance d'une désinfection, faite avec exactitude et régularité, par rapport aux suites funestes qui pourraient résulter par la négligence et la découverte de hardes cachées. Il voulut en outre leur donner une idée de la maladie contagieuse, en leur représentant « que le venin contagieux qui a » fait un si grand ravage, par la peste, de la plus » grande partie des habitants de leur terroir, son ori- » gine, d'une cause supérieure, voulant dire Dieu, qui, » par des motifs inconnus, a permis devoir les affliger » pour les faire revenir à eux, et exercer leur pa-

» tience, ne doutant pas que la cause seconde qui a
» servi de moyen et d'instrument, pour leur procurer
» la contagion, n'ait siégé dans une marchandise non
» évaporée, et ensuite dans différentes hardes, mar-
» chandises et autres effets que la communication des
» uns aux autres a fait venir jusqu'à eux, pour désoler
» le malheureux village; la cause formelle de la mala-
» die contagieuse et le caractère essentiel d'icelle, étant
» une effusion de corpuscules aigus, pointus, dissol-
» vants et de bords crochus, s'attachant surtout aux
» composés huileux et graisseux, comme cuirs huileux,
» habits, étoffes de laine, laine non préparée et coton,
» aux habits de soie et de fil, surtout quand ils sont
» vieux; moins aux corps compactes et serrés, polis et
» glissants, comme monnaie, or, argent, verre, pa-
» pier et bled, le tout ne prendrait pas l'impression du
» venin, sans la crasse qui les entoure. Ces mêmes
» corpuscules contagieux, à la ressemblance des poi-
» sons ou piqures vénimeuses, ayant produit les mêmes
» effets en général, que nous leur exprimerons à cha-
» cun en particulier, sur la plus grande ou moindre
» dissolution, causée par ces corpuscules déjà nommés,
» fait les deux genres de peste; les plus espécieux dont
» l'un se fait connaître chez les malades, par un pouls
» concentré, visage plombé, yeux fixes et tirant sur
» le noir, bras pendants, démarche chancelante, im-
» puissance de marcher, entier abattement des forces,
» enfin mort prompte, sans en échapper aucun, la

» masse du sang ayant été brûlée et dissoute, jusqu'au » point de ne produire aucune action animale et na» turelle (réaction); et le second genre où la dissolu» tion a été moindre, se fait connaître par une grosse » fièvre, vomissements, cours de ventre bilieux et dys» senterique, pustules rouges ou noires dans l'habitude » du corps, maux de tête, hémorragies du nez, sorties » de bubons et parotides, où il en échappe plus qu'il » n'en meurt. La raison des effets différents produits » par le venin, doit s'attribuer principalement à la dis» position des corps qui en ont reçu les atteintes, la» quelle a pris son fondement en partie sur le tempé» rament, mauvaise habitude, régime de vie déréglé, » en y ajoutant la frayeur et le défaut d'aliments et » de remèdes qu'on n'a pas pu appliquer, à cause du » grand nombre des malades. »

La seconde séance fut consacrée à la préparation du parfum, composé de soufre, poudre à canon, poix résine, poix noire, arsénic de toute espèce, sandaraque, graine de lierre et de genièvre, le tout pilé et pulvérisé, et proportionné pour la quantité, selon les endroits à désinfecter.

Douze séances furent employées à la désinfection de toutes les maisons, successivement visitées par les commissaires accompagnés des consuls et des membres du bureau de santé. A la onzième séance, ils parfumèrent les campagnes, les postes du blocus, les chapelles de Saint-Pierre, de Sainte-Tulle, la métairie du sieur

Archimbaud (Filhol), qui avait servi d'entrepôt temporaire, et donnèrent un double parfum au château, consacré à une infirmerie, sur la désignation expresse de M. le marquis d'Argenson; « où nous aurions fait, » disent les commissaires désinfecteurs, une exacte re- » cherche de ce qui pourrait s'y être trouvé, nous étant » aperçu que dans différentes chambres du château, il » y avait deux tapisseries, une mauvaise de Bergame, » tendue, une seconde détendue, de cuir doré, aussi » mauvaise que la première; dans un coin des cham- » bres infectées, deux lits de cadis, le premier de » couleur verte, appartenant au seigneur, et un second » au concierge, nous aurions fait mettre le feu à toutes » ces hardes nommées, et avons fait appliquer un » double parfum à tous les endroits contaminés, portes » et fenêtres bouchées et fermées. »

Enfin, dans leur douzième et dernière séance, les commissaires terminent ainsi, à la date du 14 juillet, leur rapport de désinfection : « nous aurions dressé le » présent rapport, entièrement convaincus que le lieu » de Sainte-Tulle, est exempt, non-seulement de » contagion, mais encore de maladie ordinaire, par la » juste situation où il se trouve, et le bon ordre établi, » malgré l'état malheureux où il a été réduit par le » dégât de 426 personnes mortes, et 45 maisons » anéanties, lequel dégât aurait été plus considérable, » sans les soins et attentions de notre illustre général, » qui, par des grandes précautions, bons ordres et se-

» cours favorables qu'il a plû de donner aux habitants
» de ce lieu, a arrêté la fougue du venin contagieux,
» comme celle de la tempête de cette mer orageuse
» dont parle le prophète David, dans les Psaumes *Dixit*
» *et stetit spiritus procellæ.* Le tout ayant été suivi de
» l'agréable concession et juste obéissance de chaque,
» surtout du sieur Gaspard Alphéran, commandant ;
» Sauteyron, consul; Blanchard et Archimbaud, frè-
» res, lesquels, remplis tous d'un même zèle, et ani-
» més d'un semblable esprit aussi infatigable qu'intré-
» pide, ont travaillé à l'envi, pendant le cours de la
» maladie, les uns pour la purification des maisons et
» l'enlèvement des malades, pour être portés aux infir-
» meries; les autres pour encourager les habitants les
» plus soumis, leur fournir le nécessaire, et repousser
» la mutinerie des rebelles; enfin tous également pour
» mettre tout en règle, rétablir le bon ordre ; encore
» mieux persuadés de tout ce qui s'est passé, par le bon
» état de toutes choses pendant le cours de notre com-
» mission, selon le témoignage que nous en rendons.

» A Sainte-Tulle, lesdits jour et an que dessus.

» Signés : FABRE, *Commissaire ;* MARTIN, *Commis-*
» *saire* et BLANCHAD, *Greffier.* »

C'est sans doute pour conserver l'état de purification parfaite dans lequel la commune s'était maintenue, depuis le commencement de l'année, que le bureau de santé arrêta, le 27 décembre, sous la présidence de Me Joseph Robert, avocat, premier consul, de prohiber aux hôtes et aux habitants, de loger aucun étranger, sans la permission d'un des consuls ou d'un membre dudit bureau de santé, à peine d'une amende de six livres avec contrainte; et qu'il serait ordonné aux gardes des barrières de ne laisser entrer aucune des marchandises prohibées, et nulles autres si elles n'étaient pas spécifiées dans les billets de santé : c'est ainsi que du tabac entré en contrebande fut saisi et brûlé immédiatement.

Mais si on avait pu croire, qu'après l'extinction de la maladie contagieuse et le rétablissement de la santé publique, on allait enfin jouir du repos, effacer peu à peu les traces du désastre et des malheurs, que la commune venait d'éprouver, on se serait bien trompé. Un orage nouveau se formait, grondait et menaçait de faire tomber sur le pays un nouveau fléau, qui, au lieu d'amener la mort, n'était accompagné que de la misère. Pour en connaître tout le sombre et toute la noirceur, il faut remonter à son origine. Au moment où la population n'était pas encore en grande partie atteinte de la contagion, l'autorité chercha d'abord à isoler les malades et à créer des infirmeries. Les chapelles de Saint-Pierre et de Sainte-Tulle, la métairie du sieur Archimbaud, servirent d'entrepôt pour les habitants qui, retirés à la campagne, sous des tentes improvisées, y tombèrent malades. Le peu d'étendue de ces trois édifices ne put bientôt suffire. Le nombre des malades de la campagne et ceux du village augmentant chaque jour, l'autorité se vit dans un embarras extrême. Elle en fit part à M. d'Argenson, qui venait souvent s'informer des consuls, de l'état du lieu, en les interrogeant à une certaine distance et hors de l'enceinte du village, sur le tertre du quartier de Saint-Éloi, et toujours au-dessus du vent. M. d'Argenson demanda à qui appartenait le vaste édifice qui dominait le village. Les consuls répondirent que c'était le château, lieu qui n'était jamais habité par le seigneur. Eh bien! qu'on y porte les malades et qu'on en fasse une infirmerie, leur dit M. d'Argenson. Ce préalable connu, on va juger de l'inhumanité de M. le marquis, président de Tourvès, seigneur de Sainte-Tulle, par la demande d'une indemnité pour les *défectuosités* causées à son château, indemnité si excessive et si au-dessus des ressources des malheureux habitants auxquels on la demandait, qu'elle revolte tout à la fois le bon sens, la justice et la raison.

Loin de compâtir à l'état de misère, auquel ont été réduits ses infortunés vassaux, il devient dur, intraitable, et refuse tout accomodement à l'amiable, malgré les différentes supplications qui lui sont faites, à plusieurs reprises, par l'envoi à Aix de plusieurs députés, lui demandant non merci entière, mais au moins quelque allégement. Non content de susciter deux procès à la commune, dans une circonstance où elle est si malheureuse, devant la chambre des Comptes, et la chambre des requêtes du Parlement, il imagine d'avoir une plus prompte justice de l'autorité militaire, et il se hâte de présenter un placet à M. le marquis de Brancas, lieutenant-général en Provence, qui, soit pour ne pas tremper dans cette iniquité, soit pour tout autre motif à nous inconnu, se déclare parent, s'abstient et se dessaisit néanmoins du placet, entre les mains de M. d'Argenson qui conseilla d'abord d'envoyer une nouvelle députation auprès de M. le marquis de Tourvès, pour traiter de cette affaire. Celui-ci, déguisant son arrière-pensée, exige d'abord qu'on fasse reblanchir son château; réparer les portes, les fenêtres, les serrures, sous l'inspection d'un surveillant qu'il nomme lui-même, et qui sera payé par la commune; ce qui, au reste, était reconnu si juste et si équitable, que, par délibération du 16 mars 1722, des maîtres maçons, serruriers, vitriers et charpentriers furent chargés, moyennant un prix convenu, de commencer de suite leurs travaux, et de ne les discontinuer sous aucun prétexte; les maçons même étant obligés d'être tous les jours au nombre de quatre ouvriers. Ces dispositions prouvaient combien la commune avait hâte de satisfaire M. le président. Mais qu'on rapproche la date de ce 16 mars où les travaux ont été délivrés, de celle du 20, même mois, jour où M. lemarquis d'Argenson rend un jugement militaire qui condamne la commune de Sainte-Tulle, à payer à son susdit seigneur, la somme 7,500 *livres* 9 *sols*, pour l'indemnité des *défectuosités* causées à son château.

Ce jugement, rendu le 20 mars, fut signifié le 26, et mis en exécution le 29 avril, par l'envoi de quatorze grenadiers, commandés par un lieutenant, et mis en garnison chez les consuls et les principaux habitants. C'est à la séance du conseil du 2 mai 1722, que Me Robert, avocat en la cour, mon aïeul, premier consul, en annonçant cette forme d'exécution judiciaire, jusqu'ici inusitée, dit qu'il ne voyait pas d'autre moyen de s'en délivrer, que de chercher à emprunter 9,000 *livres*, attendu que c'était en vain qu'on avait appelé de ce jugement, tout à la fois inique et illégal. En effet, un général, hors l'état de siége et de conquête, a-t-il le droit de violer les lois, et de blesser la justice en usurpant un pouvoir qui doit le conduire à des actes de tyrannie, jusqu'ici inconnus aux peuples civilisés. Le jugement de M. d'Argenson est une de ces monstruosités qu'on ne retrouve que chez les pachas d'Orient, et digne de la féodalité du moyen-âge, au plus fort de ses vexations. Comment croire, que le général qui a ordonné militairement, d'établir une infirmerie dans un édifice inhabité, appelé Château, et d'y transporter les malades, soit le même qui condamne arbitrairement la commune qu'il a protégée naguère durant la contagion, à payer une indemnité si exorbitante, pour un dommage qui n'a eu lieu que d'après ses ordres! Dans quel code a-t-il puisé le principe légal de son investiture judiciaire? Si les fonctions de son état l'autorisent à faire briller, le cas échéant, le glaive de Mars aux yeux de l'ennemi, pourquoi a-t-il usurpé, contre toutes les règles de la justice, le glaive de Thémis, pour en frapper, avec des formes aussi acerbes, une population si digne de pitié par ses malheurs? Ordonner, grand Dieu! une exécution militaire contre une commune qui à peine vient d'être délivrée du fléau de la peste, qui en a consommé la ruine, pour la forcer, dans l'état de sa plus extrême pénurie, à payer à son seigneur, qui possédait trente-six terres nobles, une somme qui n'était pas due, et dont le payement n'aurait jamais pu être ordonné par les tribunaux ordinaires et compétents, du moins dans toute son énormité, est un fait historique qui placera toujours celui qui en est l'auteur, au rang des oppresseurs de l'humanité, et ne pourra que nous faire féliciter d'avoir vu finir une époque où une injustice et un abus aussi criants pouvaient se commettre avec impunité et aussi impudemment. O bizarrerie des passions humaines et du temps! on a vu, qui le croirait! un descendant de l'homme qui avait été jadis si complaisant, avec tant d'injustice, pour un grand et riche seigneur, devenir, quoique un des plus forts contribuables fonciers du royaume, le Gracque moderne des idées extra-démocratiques qui, un moment, ont menacé l'ordre social, et si fortement alarmé les riches propriétaires.

Mais, comme par la force, on obtient même ce qui est le plus injuste, la commune n'eut pas d'autre parti à prendre que de recourir à un emprunt. La somme prêtée à Aix par M. d'Eymar, fils d'Esprit, résidant à Sainte-Tulle, fut de 8,000 *livres;* mais comme elle était insuffisante pour solder tout ce que le seigneur demandait à la pointe de la baïonnette et sur l'appui de l'âpre exigeance d'une garnison militaire, la commune fut obligée de recourir aux marguilliers de la confrérie de Sainte-Tulle, pour un prêt de 434 *livres* 7 *sols*, provenant d'un legs fait à ladite confrérie, par Jean et Élizabeth Filhol, et Jacques Ducros; encore de sept chaînes d'argent; de seize anneaux d'or, et d'une petite croix de même métal, qui, vendus à Aix, produisirent 353 *livres* 15 *sols* 11 *deniers;* et enfin de la confrérie du Saint-Rosaire, une chaîne, un crochet d'argent et un anneau d'or vendus, comme les autres joyaux, à 55 *livres* 12 *sols.* Le cœur saigne et se brise de douleur, en voyant la patronne si vénérée du pays et les saints autels, dépouillés de leurs ornements, pour payer une indemnité qui n'a jamais eu d'autre fondement qu'une extorsion à main armée du puissant sur le faible, gémissant encore sous les haillons de la misère, des atteintes qu'il a reçues du fléau, en luttant contre la mort.

Compte fait, la commune fut donc obligée, quelques mois après avoir été délivrée de la peste, qui lui enleva plus de la moitié de ses habitants, et donna encore lieu au brûlement de tous leurs meubles et effets suspects de contagion, ce qui acheva de consommer leur ruine, à payer à son immiséricordieux seigneur, marquis de Tourvès :

1° La somme de 7,500 *livres* 9 *sols*, pour l'indemnité des *défectuosités* causées à son château, et de la perte de deux tapisseries, une mauvaise de Bergame tendue, et une seconde détendue, de cuir doré, aussi mauvaise que la première; de deux lits de cadis, le premier de couleur verte, appartenant au seigneur; le second couleur feuille-morte, appartenant au concierge; d'un matelas et d'une couverture d'indienne, appartenant au seigneur, et d'une seconde au concierge, le tout livré aux flammes par les ordres et en présence des commissaires désinfecteurs, envoyés à Sainte-Tulle par M. le marquis d'Argenson, conformément à son ordonnance précitée. Cette somme de 7,500 *livres* ne paraîtra pas sans doute trop inférieure à la valeur des précieux et riches objets que je viens d'énumérer, et qui ont été désignés dans l'inventaire qui en fut dressé par les susdits commissaires, ci. 7,500 livres 9 sols

2° La commune a payé de plus, pour l'expertise des dommages faits au château du seigneur, sans y être appelée ni représentée. 150 »

3° Au sieur Billet, surveillant des réparations faites au château, nommé par le seigneur. 200 »

4° Pour frais de la garnison qui a resté vingt-cinq jours à Sainte-Tulle, pour mettre à exécution le jugement rendu par M. d'Argenson, jugement si arbitraire, si illégal et d'une injustice si criante. 1,025 »

TOTAL. 8,875 livres 9 sols

5° Enfin, les sommes qui ont été dépensées pour les réparations faites au château, en menuiserie, serrurerie, maçonnerie, vitrerie, etc. ; ont dû être considérables et ne me sont pas connues, ce qui a dû être encore pour la commune une dépense aggravante, et le legs éternel d'un odieux souvenir, pour la mémoire de ceux auxquels elle dût l'accomplissement et le concours de cette monstrueuse iniquité....

CHAPITRE XVIII.

CONCLUSION.

Le titre donné à cet opuscule, titre que j'aurais pu remplacer par celui plus simple de *Notice*, comme plus modeste dans son acception, paraîtra peut-être trop ambitieux, mais qui ignore les charmes qu'a le pays natal dans le souvenir de tous les âges, depuis le berceau de la plus tendre enfance, jusqu'à la tombe du vieillard. En outre, un sol qui, comme celui de l'ancienne Tetea, renferme tant de débris historiques, sous le rapport religieux et politique, doit être profondément creusé si l'on veut en extraire les trésors qu'il recèle. Nul doute que, d'après l'esprit de l'archéologie moderne, ce ne soit à l'école du passé que désormais le présent et l'avenir devront s'instruire. On peut dès lors présager quels seront les progrès ultérieurs de la civilisation si chaque localité apporte son tribut à la masse commune des lumières, naguères si éparpillées, mais que la tendance du siècle travaille aujourd'hui si activement à réunir.

On sait en effet que les études historiques sont à l'ordre du jour, et que les chartes, les chroniques, les annales, les légendes, même du moyen-âge, sont recherchées avec ardeur par une foule de jeunes gens studieux qui les traduisent et les commentent, les plaçant au rang des matériaux les plus précieux que la science et l'érudition puissent offrir à leur dévorante activité.

Un jour, quelque compatriote, animé du même zèle que moi, pourra finir un tableau dont je n'ai tracé ici qu'une esquisse légère. Je lui lègue avec plaisir cette honorable tâche; il la remplira avec gloire. s'il suit l'inspiration qui vient autant de l'âme que du cœur. Qu'il sache que les monuments qui consacrent les noms de leurs auteurs à l'immortalité, ne sont pas toujours taillés aux formes colossales; un simple bloc de granit, sculpté sans trop d'art, est bien souvent plus durable et plus inaccessible aux ravages du temps et à ceux des barbares, que ces grands édifices qui, quoique scellés du sceau du génie, s'ébranlent et s'écroulent à l'improviste, lorsque la main du Tout-Puissant cesse de veiller à leur conversation.

Enfin pour complément de mon travail, j'ajouterai que le pays qui m'a vu naître, et qui a toujours eu tant de part à mon affection et à mon souvenir, lors même que des circonstances impérieuses m'en ont éloigné, doit recevoir comme dernière preuve de mon attachement, ma dépouille mortelle, pour être réunie à celle de mes parents. C'est là un legs à type funéraire que je livre à ceux d'entre eux qui me survivront, et l'on sait qu'une volonté ainsi exprimée a toujours par elle-même quelque chose de sacré et d'inviolable, quand même la reconnaissance n'en commanderait pas la stricte et rigoureuse exécution, car, aux yeux des chrétiens, le tombeau qui renferme les membres de la même famille, en y concentrant la douleur, offre à la prière un lieu plus propice que tout autre, pour monter au ciel, et y implorer la miséricorde divine, sous l'appui de la grande et constante pensée de l'immortalité...

BIBLIOTHEQUE ROYALE
I

NOTES ADDITIONNELLES

A LA PAGE 106,

Sur les transactions de 1614 *et* 1647, *par lesquelles les ci-devant Seigneurs de Sainte-Tulle, concèdent aux habitants, forains et taillables de cette commune, le droit et la faculté d'arroser leurs prés avec l'eau du moulin et du ruisseau. Extrait littéral* parte in quâ *desdites transactions.*

« Au nom de Dieu soit-il, l'an mil six cent quatorze, douze jours du mois de may, avant midi, constitués en personne par-devant nous notaires royaux, et en présence de témoins sous-nommés; Monsieur de Foresta, seigneur de Rougiers, Sainte-Tulle et autres places, ledit seigneur de Rougiers d'une part, et Étienne Feraud et F. Combe, consuls modernes dudit lieu de Sainte-Tulle, et encore Me Antoine Filhol, notaire royal; M. P. Boucherie, capitaine; Christol Marguerit, capitaine; P. Reinaud; Honoré Dupin; H. Sauteiron, sergent royal; P. Sauteiron, dit *Garreti*; F. Delascases, et Barthélemy Lardeiret, un des notaires recevant; tous dudit Sainte-Tulle, procureurs spécialement fondés par ladite communauté, a été accordé et transigé, que ledit seigneur de Rougiers sera tenu de bailler, céder et désemparer à ladite communauté, habitants et taillables dudit lieu, le moulin à blé, fossé portant l'eau à icelui, situé au quartier de la Tuilerie, au bout de son allée de mûriers; que ledit seigneur de Rougiers sera tenu de faire construire bien et duement à neuf, et le faire mettre en état virant et moulant, laquelle cession et remission dudit moulin, eaux, fossés et autres droits, a été faite à ladite communauté par lui, seigneur de Rougiers, à la charge et condition que ladite communauté sera tenue de faire annuellement, perpétuellement audit seigneur de Rougiers, siens et ayant cause, une cense annuelle et perpétuelle de cinquante charges blé anone, marchand et recevable, à la mesure qui est à présent, avec deux chapons, payables à chaque fête de Saint-Barthélemy; aussi a été accordé et transigé que ledit seigneur Rougiers sera tenu de permettre, comme il permet à la communauté, particuliers, taillables d'icelle, de conduire l'eau du ruisseau dudit lieu, tant pour aider à servir ledit moulin, que pour l'arrosage des prés, et ce, par tel endroit des terres dudit seigneur, franc de dommage, et passage pour les terres dudit seigneur tant seulement; lequel passage le seigneur donnera au lieu que bon lui semblera; à laquelle encore ladite communauté, particuliers, taillables d'icelle, la pourront prendre à la recluse qui est à présent dans ledit ruisseau, sous le logis du seigneur, dit de Sadon, proche son pré appelé le Pradon, et icelle conduire par les fossés qui y sont à présent, ou autrement ainsi qu'il sera avisé. »

« L'an mil six cent quarante-sept, et le quatrième du mois de mars après midi, à cette cause, par-devant moi Manuel, notaire royal de cette ville de Pertuis soussigné, et témoins sous-nommés, constitués en leurs personnes, Messire Alphonse d'Oraison, comte de Bourbon, seigneur du lieu de Sainte-Tulle, Soleillat et autres places, tant en son propre et privé nom, que comme père et légitime administrateur de MM. ses enfants, hoirs de feue Dame de Foresta, leur mère, d'une part, et Christol Archimbaud, Barthélemy Mollin et Étienne Feraud, bourgeois dudit Sainte-Tulle, consuls et députés de ladite communauté, ont convenu et accordé, conviennent, transigent, accordent : premièrement, que ledit seigneur reprendra, comme il reprend dès à présent, le moulin à farine avec toutes ses dépendances, terre, pré, jardin, joignant ensemble les prises d'eau, fossés, recluses et fugide, pour en jouir dorénavant, tout ainsi que ledit seigneur de Rougiers en jouissait auparavant; plus, il a été accordé et transigé : qu'il sera permis aux particuliers, forains et taillables possédant prés audit terroir, de se servir de l'eau du fossé dudit moulin, tant de l'eau de Durance, que du ruisseau, pour l'arrosage d'iceux prés, depuis le samedi à six heures du matin, jusqu'au dimanche suivant à midi, sans pouvoir y être troublés, en façon que ce soit, et enfin, seront les fermiers dudit moulin, tenus de tenir le fossé d'icelui en état de porter un moulan et demi d'eau, ainsi qu'on a fait en tout temps; encore aussi, lesdits particuliers seront tenus de faire chacun une martellière au bord dudit fossé, et à l'endroit de leurs prés, qu'ils tiendront fermée tout le long de la semaine, hors et excepté les jours susdits, et réservés pour l'arrosage des prés, sans que pour raison dudit arrosage de leurs prés, lesdits particuliers soient tenus de payer aucun droit audit seigneur ni à ses fermiers, et seront tenus, les particuliers qui prendront l'eau pour l'arrosage audit fossé, de tenir le tout bien fermé, de ne faire aucune ouverture audit fossé, outre et par-dessus lesdites martellières, en sorte que l'eau ne puisse découler hors le temps ci-dessus limité, à peine de cinq livres pour chacun qui contreviendrait, et sera trouvé rompant le fossé; de plus, a été convenu que la communauté sera tenue de bailler et désemparer audit seigneur, comte de Bourbon, comme lesdits sieurs consuls et députés lui baillent et désemparent au nom d'icelle, suivant le pouvoir qui leur a été donné, la quantité de quinze charges d'iscles, à raison de seize cents cannes chacune, franches de toute taille, qui sont au terroir de Sainte-Tulle, quartier appelé les *Aiguestres*, à prendre sur plus grande contenance, et du côté joignant les iscles de Manosque et terre dudit seigneur, appelé le Pré de Madame, pour en faire, d'hors ledit seigneur et les siens, plaisir et volonté comme son bien et cause propre. A ces fins, lesdits sieurs consuls et députés pourront, pour lesdites quinze charges d'iscles, garantir ledit seigneur et les siens de toute éviction générale et particulière de droit et de fait en bonne et due forme; plus, il a été accordé que les transactions de 1614 et 1617, demeureront fermes et valables pour tous les chefs y contenus, hors et excepté pour ceux auxquels il a été dérogé par les présentes transactions[1]. »

[1] Dès l'année 1800, la commune soldait un pradier, chargé exclusivement de l'arrosage des prés.

Des droits aussi solennellement établis, et dont l'origine remonte à deux cent quatre-vingt-trois ans, avec jouissance paisible et continue, doivent être sérieusement défendus. C'est au zèle éclairé et patriotique de M. le maire, Jules Ducros, et de MM. les membres du conseil municipal, que la conservation et le maintien en sont réservés. Nos pères, en luttant avec énergie et succès contre les prétentions toujours si exagérées de leurs anciens seigneurs, leur ont laissé un généreux exemple à suivre; en les imitant, ils se rendront dignes de la confiance de leurs administrés; et ils accompliront un devoir qu'impose à leur sollicitude paternelle la loi et le cri unanime d'une population, qui ne veut pas être dépouillée d'un droit acquis par ses ancêtres, à titre onéreux.

NOTICE BIBLIOGRAPHIQUE.

Louis-Joseph-Marie ROBERT, né le 21 avril 1771 à Sainte-Tulle (Basses-Alpes), a publié, depuis 1801, les ouvrages suivants :

1° *Essai sur la Mégalanthropogénésie*, 1 vol. in-12, Paris, 1801, chez Debray, libraire au Palais-Royal.

2° *Nouvel Essai sur la Mégalanthropogénésie*, 2 vol. in-8°, deuxième édition, Paris, 1803, chez Lenormand, imprimeur-libraire.

3° *Existe-t-il un art physico-médical, pour augmenter l'intelligence de l'homme, en perfectionnant ses organes, ou la Mégalanthropogénésie n'est-elle qu'une erreur?* Thèse inaugurale soutenue à l'école de Paris, en 1803.

4° *Manuel de santé, ou nouveaux Eléments de Médecine-pratique, d'après la méthode analytique de Pinel, et pathologique de Bichat*, 2 vol. in-8°, Paris, 1805, chez Déterville, libraire éditeur.

5° *De l'influence de la Musique sur les mœurs, les passions et la santé*, broch. in-8°, Marseille, 1807, chez Mossy, imprimeur.

6° *Histoire médicale et chimique des Eaux minérales de Gréoulx*, 1 vol. in-12, Marseille, 1807. — Deuxième édition, Marseille, 1810, chez Mossy, imprimeur.

7° *Essai historique et médical sur les Eaux thermales d'Aix, connues sous le nom d'eaux de Sextius*, 1 vol. in-8°, Aix, 1812, chez Mouret, imprimeur.

8° *L'art de prévenir le cancer au sein chez les femmes qui touchent à leur époque critique, ou qui peuvent craindre cette funeste maladie à la suite d'un dépôt laiteux ou d'une contusion*, 1 vol. in-8°, Marseille, 1812, chez Mossy, imprimeur-libraire.

9° *Notice historique sur le tremblement de terre de Beaumont, en Provence*, br. in-12, Aix, 1812, chez Pontier, imprimeur.

10° *Rapport sur les travaux de la Société académique de médecine de Marseille, pendant les années* 1813 et 1814, 1815 et 1816, 1817 et 1818, 3 br. in-8°, Marseille, chez Achard, imprimeur.

11° *Rapport du Comité de vaccine du département des Bouches-du-Rhône sur la varioloïde*, broch. in-8°, Marseille, 1818, chez Achard, imprimeur.

12° *Observations sur la Fièvre jaune importée de Malaga au Lazareth de Marseille*, en 1803, 1804 et 1821, Marseille, 1822, chez Achard, imprimeur.

NOTA. *L'auteur a décrit, dans cet ouvrage, les premières fièvres jaunes importées en France, et fait connaître les fièvres jaunes sporadiques non contagieuses qui se manifestent quelquefois, durant les fortes chaleurs de l'été, dans le Midi.*

13° *Guide sanitaire des gouvernements européens, ou Nouvelles recherches sur la Fièvre jaune et le Choléra-morbus*, orné de 22 lithographies coloriées, 2 vol in-8°, Paris, 1826, chez Crévot, libraire-éditeur.

14° *Manuel des bains de mer sur le littoral de Marseille*, 1 vol. in-18, Marseille, 1827, chez Ricard, imprimeur.

15° *Précis historiques de l'épidémie de petite vérole qui a régné à Marseille en* 1828, *et vues nouvelles sur la vaccine, considérée comme une simple petite vérole locale, suivies d'expériences qui constatent que le virus varioleux, mitigé avec du lait de vache, ne donne lieu qu'à l'éruption d'un bouton vaccinal*, 1 vol. in-8°, Marseille 1828, chez Achard, imprimeur. — Deuxième et troisième édition, 1829 et 1830, chez le même.

NOTA. *Sur le rapport et la demande de l'Académie royale de médecine, le gouvernement a accordé, en* 1830, *une médaille d'or à l'auteur de cet ouvrage.*

16° *Mémoire sur l'identité de l'épidémie de Paris et des Antilles, connue sous le nom de* DENGUÉ, EL COLORADO et de GIRAFFE, broch. in-8°, Paris 1830, imprimerie de Crapelet.

17° *Lettre à M. de Tourgueneff, Conseiller d'Etat, Président de la commission des lois, et Directeur des cultes à St-Pétersbourg, sur le Choléra-morbus de l'Inde, importé à Moscou, et sur son analogie avec la peste-noire du quatorzième siècle*, br. in-8°, Marseille, janvier 1831, imprimerie de Carnaud. — Deuxième édition, augmentée et ornée d'une lithographie représentant une victime du Choléra-morbus pestilentiel de Moscou, brochure in-8° imprimée chez Marius Olive, par ordre de l'intendance sanitaire de Marseille, mars 1831.

18° *Conseils aux habitants de Marseille et de la Provence, pour se préserver du Choléra*, 1 vol. in-32, imprimerie d'Achard, à Marseille, 1832.

19° *Guide des bains de mer, aux thermes maritimes de Marseille*, 1 vol. in-18, imprimerie d'Achard, à Marseille, 1835.

20° *Mémoire sur l'efficacité des frictions mercurielles dans le traitement du Choléra de Marseille de* 1835 à 1836, imprimé à Paris, 1836, extrait de *la Gazette médicale.*

21° *Divers Mémoires, Rapports et Fragments littéraires ou de médecine, dans le Recueil de l'Académie de Marseille, et dans divers journaux de la même ville, depuis l'année* 1807 *jusqu'en* 1830.

22° *L'Hermite de St.-Jean*, ou *Tableau des mœurt et fêtes marseillaises, au retour des Bourbons*, 1814; Journal qui a 50 numéros, imprimerie de Ricard, à Marseille.

MANUSCRITS :

23° *Hydrographie médicale des Bains de Digne*, 1 vol. in-8°.

24° *Précis historique du Lazareth de Marseille, et des maladies contagieuses qui y ont été importées, depuis sa fondation, en* 1477, 2 vol. in-8°, avec cartes et lithographies.

FIN.

www.ingramcontent.com/pod-product-compliance
Ingram Content Group UK Ltd.
Pitfield, Milton Keynes, MK11 3LW, UK
UKHW012213240726
13966UKWH00002B/722